AF456864

# RAPPORT

SUR LES

# OPÉRATIONS MILITAIRES

## EN TUNISIE

(D'AVRIL A JUILLET 1881)

PAR LE GÉNÉRAL

FORGEMOL DE BOSTQUÉNARD

Commandant le Corps expéditionnaire

CONSTANTINE

TYPOGRAPHIE L. ARNOLET, AD. BRAHAM, SUCCESSEUR

1882

# RAPPORT

SUR LES

# OPÉRATIONS MILITAIRES

## EN TUNISIE

(D'AVRIL A JUILLET 1881)



PAR LE GÉNÉRAL

FORGEMOL DE BOSTQUÉNARD

Commandant le Corps expéditionnaire

CONSTANTINE

TYPOGRAPHIE L. ARNOLET, AD. BRAHAM, SUCCESSEUR

1882

# RAPPORT

## AU MINISTRE DE LA GUERRE

SUR LES

## OPÉRATIONS DU CORPS EXPÉDITIONNAIRE

## DE TUNISIE

MONSIEUR LE MINISTRE,

J'ai l'honneur de vous adresser le rapport établi, d'après vos ordres, sur les opérations du corps expéditionnaire de Tunisie dont le commandement m'avait été confié. Ces opérations, commencées le 24 avril, ne se sont terminées, pour la dernière partie des troupes, que le 1er juillet. Elles ont présenté trois périodes principales :

La période de concentration et d'organisation ;

La période d'opérations proprement dites ;

La période de dislocation et de rapatriement.

Avant d'examiner successivement les faits relatifs à chaque période, il n'est pas sans intérêt de rappeler les évènements qui s'étaient produits précédemment sur la frontière.

Situation des tribus algériennes et tunisiennes sur la frontière

Depuis de longues années, nos tribus et celles de la Régence vivaient dans un état, si ce n'est de guerre, du moins de méfiance et de lutte presque permanent. Aucune limite n'avait été fixée régulièrement entre elles ; les contestations pour la possession de terrains limitrophes étaient fréquentes. Mais, tandis que nous recourions à la voie diplomatique pour sauvegarder nos droits, les tribus Tunisiennes, indociles ou insoumises à l'autorité du Bey, prétendaient faire valoir les leurs les armes à la main. Elles attaquaient nos douars à l'improviste, enlevaient le bétail, arrêtaient nos gens isolés sur les chemins, les rançonnaient, les pillaient, et souvent même joignaient l'assassinat au vol.

Chaque année, des incendies allumés par elles portaient dans nos riches massifs forestiers de la frontière une destruction préméditée et occasionnaient à nos gens des pertes matérielles considérables.

Ces tribus étaient devenues le refuge des malfaiteurs de l'Est de l'Algérie, des contumaces frappés par nos tribunaux, des évadés de nos prisons, etc... qui, connaissant le pays et à l'abri chez elles, préparaient et exécutaient, de concert avec elles, les plus audacieux coups de main jusqu'aux portes de nos villes et jetaient l'effroi dans les territoires de colonisation.

A plusieurs reprises des conférences avaient eu lieu sur divers points de la frontière entre les autorités déléguées par les Gouvernements Français et Tunisien ; quelques indemnités avaient été obtenues à la suite de nos justes réclamations, mais elles étaient loin de satisfaire nos intérêts et nos légitimes revendications.

En dernier lieu, dans le courant de janvier et de février, le délégué Tunisien à la nouvelle conférence d'*El-Ma-el-Ahmar* prenait vis-à-vis du délégué Français, M. le Commandant *Vivensang*, une attitude des plus arrogantes, opposait à la liste de nos réclamations une liste beaucoup plus longue de réclamations Tunisiennes établie sur des titres falsifiés ou rédigés pour les besoins de la cause et laissait préparer une sorte de guet-apens auquel le Commandant *Vivensang* n'a échappé que par l'ordre arrivé de *Constantine* de rompre la conférence.

Enfin, les lettres les plus insolentes étaient écrites à nos Caïds par les agents du commandement de la Régence, les sommant d'avoir à abandonner, sous menace d'y être contraints par la force, les terrains de la frontière dont nous avions, depuis la conquête, la possession incontestée.

Ces injonctions ne tardaient pas à se traduire par les plus coupables et les plus provocantes agressions.

Violation de la frontière par les Khoumirs

Dans la première quinzaine de février, les *Ouled-Cedra (Khoumirs)* avaient envahi notre territoire pour chasser nos gens des terrains de culture de l'*Oued-Djenan*. Une lutte violente avait eu lieu à la suite de laquelle les Tunisiens s'étaient engagés à accorder toutes les satisfactions qui leur étaient réclamées. Ce fait avait eu assez de gravité pour motiver l'envoi d'une compagnie et demie du 59e de *La Calle* à *Remel-Souk*, et de deux compagnies, puis d'un bataillon entier du 3e de zouaves, de *Bône* au *Tarf*. Cependant tout paraissait calmé et je songeais à renvoyer ces troupes dans leurs garnisons, lorsque, le 30 mars, les *Ouled-Cedra* soutenus par de nombreux contingents Khoumirs, se ruèrent sur nos *Nehed* en avant d'*El-Aïoun*. Il fallut, pour soutenir ceux-ci et faire respecter notre territoire, appeler de *Remel-Souk* le détachement du 59e. La vue de l'uniforme français n'arrêta pas l'attaque des Tunisiens et ce détachement, après avoir brûlé toutes ses cartouches, était gravement menacé lorsqu'une compagnie de zouaves, arrivée du *Tarf*, parvint à arrêter momentanément le combat.

Il recommenca le 31 avec plus d'acharnement que la veille ; pendant onze heures les tribus Khoumirs prolongèrent la lutte qui ne se termina que le soir quand le gros du bataillon de zouaves fut rendu sur les lieux.

Le même jour, des ordres étaient donnés pour l'envoi dans le cercle de *La Calle* de renforts de troupes de toutes armes, tels que l'exigeait la situation. La division de *Constantine* dirigeait vers la frontière la majeure partie de ses forces disponibles. Le 6 avril, deux bataillons de zouaves, un bataillon de tirailleurs, deux escadrons, une batterie de montagne s'y trouvaient réunis sous les ordres de M. le Général *Ritter* et assuraient le respect de notre territoire.

Cette série de méfaits, d'attentats audacieux contre les biens et les personnes de nos concitoyens, cette insolence et ce mépris poussés jusqu'à l'audace d'attaquer nos troupes avaient cependant déterminé le Gouvernement de la République à infliger un châtiment sévère aux Khoumirs et à prendre en Tunisie des positions favorables pour assurer la tranquillité de nos tribus frontières, tant que le Gouvernement de S. A. le Bey serait impuissant à la garantir avec ses propres ressources.

Des mesures furent promptement prises à cet effet.

## Période de concentration et d'organisation

Envoi de troupes des divisions d'Alger et d'Oran.

Dès le 3 avril, j'étais avisé, par un télégramme de M. le Général commandant le 19e Corps, du prochain débarquement (du 6 au 10) à *Bône* de six bataillons de zouaves ou de tirailleurs, de deux batteries et de deux cents mulets de bât du train des équipages venant des divisions d'*Alger* et d'*Oran*.

A la date du 6, des instructions de M. le Général en chef me parvenaient, m'autorisant à sortir de la position défensive et à passer la frontière dès que serait terminée la concentration dans le cercle de *La Calle* des troupes disponibles de l'Algérie et de renforts venant de France.

Les six bataillons annoncés le 3 débarquaient en effet

à *Bône* aux dates fixées; ils arrivaient sur la frontière du 9 au 12 et étaient renforcés de deux bataillons d'*Oran* et d'*Alger* dont le dernier, venu par étapes d'*Aumale*, ne rejoignit que le 16. A la date du 12, les forces réunies en face du pays des Khoumirs formaient trois groupes principaux : au *Tarf*, à *Remel-Souk* et à *El-Aïoun*. — Un détachement du 59e occupait *Oum-Theboul; La Calle* était la base des ravitaillements en vivres et munitions.

Envoi de troupes de France.

Tandis que ces mouvements et concentrations s'exécutaient vers la frontière, des renforts plus considérables étaient réunis en France. Je recevais le 7 avril l'avis du prochain embarquement pour *Bône* d'une brigade de renfort. Cette brigade, sous les ordres de M. le général *Vincendon*, débarquait à *Bône* les 10 et 11 avril. Elle était suivie bientôt de la 2e brigade de renfort, général *Galland*, débarquée les 15 et 16 (le 22e, un des régiments de cette brigade, a pu être débarqué à *La Calle* le 15) et de la 3e brigade de renfort, général *de Brem*, débarquée les 14, 15 et 16. Chacune de ces brigades était composée d'une compagnie du génie, deux batteries d'artillerie, un bataillon de chasseurs et trois régiments d'infanterie à deux bataillons, plus d'un régiment de cavalerie à trois escadrons et amenait avec elle ses services administratifs.

Deux jours en moyenne, y compris celui du débarquement, furent employés à *Bône* à réunir l'élément de ces brigades, à les mettre dans la main de leurs chefs et à terminer les soins multiples que l'on doit prendre pour de jeunes troupes appelées à faire campagne dans un pays et sous un climat nouveaux pour elles.

De son côté, la division de *Constantine* envoyait le 12 : au *Tarf* deux escadrons de chasseurs d'Afrique, auxquels un troisième escadron ne tardait pas à être adjoint; à *El-Aïoun*, deux sections de montagne. Elle préparait la formation d'une batterie montée.

Instructions générales données par le Ministre

Cependant je recevais le 7 avril vos instructions sommaires au sujet des opérations à exécuter en Tunisie, et vous vouliez bien me demander si elles motivaient de ma part quelques observations. Ma réponse ayant été négative, je n'avais qu'à prendre au plus tôt les dispositions dernières, conséquences de ces instructions.

D'après celles-ci, dont je reçus le 15 la confirmation détaillée, les troupes placées sous mes ordres devaient agir simultanément dans trois directions différentes.

Au Nord, une petite colonne forte de un bataillon, d'une section de montagne et d'un détachement du génie devait être débarquée à *Tabarque*, occuper l'île de ce nom et *Bordj-Djedid*, forteresse située sur la côte en face de l'île, faire ainsi une diversion, en attirant de ce côté l'attention des Khoumirs et en se maintenant dans cette position avec l'appui de deux canonnières : l'*Hyène* et le *Chacal*.

La deuxième colonne, la principale, dirigée contre les Khoumirs et chargée de leur infliger un châtiment aussi sévère que possible, devait être composée de trois brigades : une brigade de troupes d'Afrique, et les 1re et 2e brigades de renfort.

La troisième colonne, forte d'une brigade de troupes d'Afrique (augmentée d'un régiment venu de France), de neuf escadrons de cavalerie, devait être réunie à *Souk-Ahras*, agir sur le *Kef* et dans la vallée de la *Medjerda* pour protéger la voie ferrée de *Tunis* à *Ghardimahou* et pour séparer du pays des Khoumirs les tribus remuantes du centre et du sud de la Tunisie pendant les opérations de la colonne principale.

Enfin, la troisième brigade de renfort, composée de cinq bataillons, devait rester comme réserve entre *Souk-Ahras* et la frontière, tant pour parer à des nécessités intérieures que pour constituer au besoin une réserve à la troisième colonne. Trois escadrons de cavalerie étaient adjoints à cette brigade.

Dès la réception de ces instructions je donnai des ordres pour leur exécution.

Formation de la colonne Logerot.

Le 1er de zouaves (2e bataillon), un bataillon du 4e de zouaves, un bataillon du 2e tirailleurs et une batterie d'artillerie, partis du *Tarf* le 14, arrivaient le 17 au matin à *Souk-Ahras* ainsi que deux escadrons du 3e chasseurs d'Afrique bientôt suivi d'un troisième escadron ; à la même date, les deux bataillons du 83e se trouvaient réunis à *Souk-Ahras* où M. le général *Logerot*, commandant de cette colonne, était rendu le soir ; le second bataillon du 2e tirailleurs était en position à *Sidi-Youssef*.

Dès le 19 la colonne du Sud, à l'exception de quelques éléments qui rejoignirent peu de jours après, était concentrée à *Souk-Ahras* et ainsi constituée :

*Brigade Logerot* : sept bataillons d'infanterie, une compagnie et deux petites sections du génie, deux batteries montées de 90 et deux batteries de montagne de 80, plus une section de munitions;

*Brigade de cavalerie* marchant avec la précédente sous les ordres de M. le général *Gaume* : neuf escadrons (3 du 11e de hussards, 3 du 7e chasseurs, 3 du 3e chasseurs d'Afrique).

— Les services administratifs et l'ambulance étaient communs à ces deux brigades.

*Brigade de Brem* dite de réserve : cinq bataillons, trois escadrons du 13e chasseurs, une batterie d'artillerie de montagne de 80 (qui arriva le 24 seulement à *Souk-Ahras* et fut échangée le 7 mai avec une batterie montée de 90 de la brigade *Logerot*), services administratifs, ambulance, etc.

Les forces des brigades *Logerot* et *Gaume* et celles de la brigade *de Brem* qui, mise d'abord le 26 avril à la disposition éventuelle du général *Logerot*, fut placée peu après sous ses ordres immédiats, présentaient un effectif de 365 officiers, 8,550 hommes, 2,320 chevaux et 550 mulets.

Le 23 les brigades *Logerot* et *Gaume* sont à *Sidi-Youssef* prêtes à franchir la frontière.

Formation de la division Delebecque.

A la colonne principale, destinée à agir contre les Khoumirs, la première brigade, général *Ritter*, dont les éléments étaient répartis le 15 entre *Oum-Theboul*, *El-Aïoun* et *Remel-Souk*, se trouvait concentrée le 21 à *Oum-Theboul.*

La seconde brigade (1re brigade de renfort), général *Vincendon*, partie de *Bône* les 13 et 14 en deux échelons, était le 21 à *El-Aïoun.*

La troisième brigade (2e brigade de renfort), général *Galland,* partie de *Bône* les 17 et 18 en deux échelons, était le 21 et le 22 à *Remel-Souk.*

M. le général *Delebecque*, désigné par le Ministre pour prendre, sous mes ordres, la direction de la division d'opérations contre les Khoumirs, arrivait à *Oum-Theboul* le 20.

Mon quartier général était installé le 21 à *Remel-Souk* avec un escadron et demi du 4e de hussards, un escadron mixte de spahis, une compagnie du génie, une section de munitions et une section d'ambulance.

La brigade *Ritter* était forte de six bataillons (trois de zouaves, trois de tirailleurs), d'une compagnie du génie, d'une batterie de montagne de 80 et de deux sections de 4 de montagne.

Chacune des brigades *Vincendon* et *Galland* comptait sept bataillons, une compagnie du génie, et deux batteries de montagne.

La division *Delebecque* et le quartier général du corps expéditionnaire présentaient un effectif de 505 officiers, 14,000 hommes, 1,270 chevaux et 1,650 mulets.

Préparatifs contre Tabarque.

Quant au détachement destiné à agir contre *Tabarque,* un incident en avait fait augmenter la force. Le 15 avril, en vue des opérations de débarquement prochain sur ce point, j'avais prescrit à la canonnière l'*Hyène* d'aller en reconnaître les parages. Après avoir bien rempli sa mission, ce bâtiment virait de bord pour rentrer à Bône et longeait la côte à l'Ouest de l'île, quand une vive fusillade fut dirigée contre lui. Aucun marin ne fut blessé mais plusieurs balles frappèrent les agrès et la cheminée de la machine. Devant une pareille agression, les départements de la Guerre et de la Marine donnèrent le 16 des ordres pour que le cuirassé *La Surveillante* prit à son bord le bataillon du 143$^{e}$, la section d'artillerie et le détachement du génie affectés à l'occupation de *Tabarque*, et que le débarquement se fit le plus promptement possible, de vive force au besoin. Le 17 au soir, *La Surveillante* et les canonnières *Le Léopard, Le Lynx* et l'*Hyène* firent route sur *Tabarque*. Une avarie survenue à la machine de l'*Hyène*, les sommations qu'il était prescrit de faire au Gouverneur de *Bordj-Djedid* avant d'agir par les armes avaient occasionné des retards préjudiciables au succès de nos opérations. Tous les ravins s'étaient peu à peu garnis de nombreux contingents dissimulés dans les rochers et les broussailles. Les forces numériques dont nous disposions ne permettaient pas de débarquer sur plus d'un point à la fois ; le bataillon du 143$^{e}$ et les compagnies de débarquement des navires auraient eu à supporter sur ce terrain difficile une lutte des plus inégales, et un insuccès pouvait avoir les suites les plus funestes pour nos opérations chez les Khoumirs. *La Surveillante* revint à *Bône* et compte fut rendu de la situation.

Le 19, de nouveaux ordres arrivèrent annonçant l'envoi dans les eaux de *Tabarque* de deux bataillons du 88$^{e}$ par le transport *La Corrèze* et d'une section de montagne de 80, l'adjonction du *Tourville* à *La Surveillante* et enjoignant de bombarder *Bordj-Djedid* et d'en prendre possession si, deux heures après sommation de le rendre, le Gouverneur ne l'avait pas évacué.

Le 22, *La Corrèze* ralliait devant *Tabarque La Surveillante* et *Le Tourville*. Les renforts qu'elle apportait élevaient au chiffre de 55 officiers, 1,490 hommes, 95 chevaux ou mulets, l'effectif des forces destinées à agir contre *Tabarque*.

**Organisation des services et des bases d'approvisionnement.**

Pendant que ces concentrations s'opéraient, je prenais des mesures pour compléter l'organisation des divers services, pour assurer celle des bases d'approvisionnements et des convois de vivres et de munitions.

*Constantine*, pour les besoins pendant la période de concentration, *Bône*, pour les besoins ultérieurs, devenaient les grands centres où nous devions puiser nos ressources de vivres et de munitions.

Les bases d'approvisionnements étaient portées à *Souk-Ahras* pour la colonne du Sud, à *La Calle* pour la colonne *Delebecque*, *Tabarque* devant être pourvu par la voie de mer.

*Souk-Ahras* et *La Calle* recevaient un mois de vivres (*Tabarque* en reçut la même quantité après le débarquement qui eut lieu le 26) pour l'effectif qu'elles avaient à pourvoir.

De ces 30 jours de vivres, 15 étaient laissés à *Souk-Ahras* et à *La Calle* où ils devaient être renouvelés au fur et à mesure des consommations ; 8 étaient placés au bordj de *Sidi-Youssef* en avant de *Souk-Ahras*, et 8 au bordj de *Remel-Souk* en avant de *La Calle*. Ces deux bordjs touchant à la frontière étaient ainsi les premiers échelons de ravitaillement des colonnes. Enfin, un convoi de quatre jours de vivres accompagnait chaque colonne et les hommes avaient dans le sac deux jours de réserve indépendamment des vivres de la journée courante.

Les mêmes points, *Souk-Ahras* et *La Calle*, étaient désignés pour recevoir le dépôt de nos approvisionnements de munitions.

Une section de munition était placée à *Souk-Ahras* avec détachement à *Sidi-Youssef*, une section à *La Calle* et une à *Remel-Souk*.

Des ressources considérables en munitions pour l'artillerie et la mousqueterie étaient constituées et abritées convenablement dans ces postes.

Chaque brigade recevait avec son artillerie un détachement de section de munitions et avait ainsi avec elle une réserve d'environ cent mille cartouches ; chacune de ses pièces était approvisionnée à 100 ou 110 boulets et avait une réserve d'environ 180 coups à la section de munitions ou à son échelon. Le détachement de section devait assurer les réapprovisionnements de la brigade sur la section de munitions maintenue en arrière.

Chaque bataillon recevait des batteries de sa brigade deux mulets de caisses d'infanterie devant marcher avec lui (caisses prises en charge par le bataillon et conservées par lui la nuit et les jours de séjour, tandis que chaque soir les mulets et les conducteurs rentraient à leurs batterie).

Enfin, après avoir constitué du mieux possible, avec les ressources que nous avions en Algérie, le personnel et le matériel d'ambulance des brigades *Logerot et Ritter*, un dépot d'ambulance d'évacuation était organisé à *Remel-Souk* et les hôpitaux de la division de *Constantine* étaient préparés pour recevoir, en cas de besoin, le plus grand nombre de blessés ou de malades.

Durant l'exécution de ces diverses dispositions, j'avais profité de la présence près de moi, à Bône, de M. le général *Logerot* et je m'étais concerté avec lui sur les opérations que les deux colonnes devaient entreprendre.

Plans d'opérations.

Les renseignements faisaient presque complètement défaut sur le pays des Khoumirs. Il était très difficile de s'en procurer, même à prix d'or. Une carte dressée d'après des données ainsi recueillies par M. le général *Ritter* (carte assez exacte pour toute la partie avoisinant la frontière et qui fut très utile), quelques itinéraires, quelques indications de points importants composaient tous les documents à consulter avant de pénétrer dans ce pays montagneux, coupé de vallées étroites et profondes et couvert presque partout de forêts ou de broussailles réputées impénétrables.

Il n'était donc pas possible de préciser au général *Logerot* l'itinéraire que suivrait la colonne *Delebecque* et de concerter avec lui, d'avance, une série d'opérations dont il était prudent de prévoir la difficulté d'exécution à époque fixe.

D'après l'objectif donné par vous aux deux colonnes, je me bornai donc à donner à cet officier général les instructions et indications suivantes :

La colonne du Sud marchera le 24 avril en avant de *Sidi-Youssef*, sur le *Kef*, en deux jours. Après avoir occupé cette place et y avoir laissé une garnison, elle se portera au Nord, en coupant la vallée de *L'Oued-Mellegue*, dans celle de la *Medjerda*, vers *Souk-el-Arba*, protègera les établissements du chemin de fer, inquiètera les tribus environnantes, pèsera sur elles, empêchera la fuite des contingents armés de la rive gauche sur la rive droite de la *Medjerda* et attendra, en agissant de la sorte, des ordres pour ses opérations ultérieures.

La colonne destinée à agir chez les Khoumirs traversera la frontière le 24 avril, consacrera quelques jours au châtiment des *Ouled-Cedra*, les mettra, si faire se peut, en communication avec *Tabarque*, puis, prenant par *Remel-Souk* et les *Beni-Mazen* ou, en cas de possibilité de passage par les sentiers du pays, la ligne des crêtes qui bordent au sud le territoire des Khoumirs, elle gagnera *Fernana* d'où elle se mettra en communication avec la colonne *Logerot*.

Vous aviez bien voulu, M. le Ministre, après m'avoir indiqué le but, me laisser toute latitude dans le choix des dispositions propres à l'atteindre.

Mon plan, en entrant en campagne, était celui-ci :

Frapper d'abord un coup vigoureux sur les *Ouled-Cedra* afin de prouver que nous voulions avant tout châtier ceux des Khoumirs qui avaient osé s'attaquer aux soldats de la France, puis occuper les crêtes de montagne au sud du territoire de ces tribus pillardes, appeler la colonne *Logerot* et employer les deux colonnes *Delebecque* et *Logerot*, en les portant vers le nord, à ravager le pays devant elles et à pousser, s'il le fallait, jusqu'à la mer tout ce qui ne serait pas venu demander l'aman et remplir les conditions approuvées par vous.

A la date du 23 avril, tout était prêt pour commencer les opérations qui, avec le concours aussi intelligent que dévoué de MM. les généraux *Delebecque* et *Logerot*, avec l'esprit d'abnégation et d'énergie des officiers et soldats de toutes armes et grâce aux mesures pleines de sollicitude dont vous avez entouré les troupes, se sont accomplis dans des conditions qui ont mérité votre haute approbation.

## Période d'opérations

*24 avril.* — Les trois brigades de la division *Delebecque* se rapprochent dans le but d'une attaque commune contre les *Ouled-Cedra*. Opérations contre les Ouled-Cedra

La brigade *Ritter* se porte *d'Oum-Theboul* à *Dement-Rebah*, la brigade *Galland* à *Aïn-Smaïn*, la brigade *Vincendon* reste à *El-Aïoun*.

Pour faciliter le débarquement à *Tabarque*, on se prépare aux opérations du 25. La brigade *Ritter* doit franchir le *Djebel-Addeda* vers le nord, par le col de *Radjela*; elle doit ensuite descendre vers la rive gauche de *l'Oued-Djenan* et se mettre en communication avec la brigade *Vincendon* qui aura gagné directement par *Fedj-Kahla* la rive droite de l'*Oued-Djenan*; la brigade *Galland* doit appuyer la précédente et assurer les communications avec *El-Aïoun*. En se portant à *Aïn-Smaïn* elle a laissé ses deux bataillons du 18e de ligne à *Remel-Souk* où des dispositions sont immédiatement prises pour l'installation d'un camp retranché dans lequel les approvisionnements de vivres et de munitions sont promptement mis en sûreté.

Ces précautions étaient nécessitées tant par le voisinage de l'ennemi que par la présence d'un camp tunisien installé sous les ordres de *Si-Selim*, ministre de la guerre, sur la rive gauche de l'*Oued-el-Kebir*, en face même de *Remel-Souk*, et d'un second camp commandé par *Si-Ali-Bey*, frère du Bey de Tunis, placé à une journée de marche de ce dernier point, dans le voisinage d'*El-Mana*. Ces deux chefs m'adressaient des lettres fréquentes dont les termes ambigüs étaient de nature à m'inspirer fort peu de confiance sur leurs intentions.

Ce même jour, 24 avril, la colonne *Logerot* franchit la frontière et va camper sans incident sur les deux rives de l'*Oued-Mellegue*, route du *Kef*.

A *Tabarque*, tout est prêt pour le débarquement, mais l'état de la mer ne permet pas de l'entreprendre.

*25 avril*. — Depuis deux jours des pluies torrentielles ont profondément détrempé le sol; les camps de la colonne *Delebecque* sont dans la boue. Sur la demande des généraux, les mouvements préparés pour le 25 sont contremandés.

La colonne *Logerot* va camper sans coup férir à l'*Oued-R'mel*, à environ huit kilomètres du *Kef*.

Dans l'après-midi, vers 4 heures, l'état de la mer permet à la flottille de *Tabarque* d'ouvrir le feu contre le *Bordj-Djedid* dont le Gouverneur a refusé de faire la reddition. Le tir est d'une précision remarquable, le bordj est bientôt complètement ruiné sans avoir riposté. L'heure avancée empêche le débarquement.

*26 avril*. — Quoique que le temps soit encore mauvais et le terrain fort difficile et glissant, les mouvements arrêtés pour le 25 sont mis à exécution, d'après mes ordres, à la colonne *Delebecque*.

La brigade *Ritter* poursuit sans rencontrer de résistance les crêtes escarpées du *Djebel-Addeda* et s'installe à *Baba-Brik*, sur la rive gauche de l'*Oued-Djenan*, d'où ses reconnaissances ne tardent pas à apercevoir sur la rive droite la brigade *Vincendon* et à communiquer avec elle à l'aide de la télégraphie optique. Pas d'ennemis devant la brigade *Ritter*, qui entend encore dans la matinée une canonnade, comme celle de la veille au soir, dans la direction de *Tabarque*.

Combats de Fedj-Kahla Hadjar-Menkoura et Kef-Cheraga.

La brigade *Vincendon*, formée en deux colonnes, s'élève au petit jour sur les pentes de *Fedj-Kahla*, s'empare de ce col malgré la rive résistance de l'ennemi et couronne le faîte rocheux du *Djebel-Sekkek* jusqu'à *Hadjar-Menkoura* où elle est à huit heures ; elle reste en position sur ce point jusqu'à 2 heures, moment où, par suite de l'arrivée de la brigade *Galland*, elle peut se porter en avant et enlever les crêtes du *Kef-Cheraga*. Elle y asseoit son camp à 3 heures et demie.

La brigade *Galland*, partie d'*Aïn-Smaïn*, s'est de son côté engagée à mi-pente dans la direction de *Fedj-Khala*, flanquée à sa droite par le 22e de ligne. Attaquée vigoureusement, dès le début de sa marche, sur son flanc et vivement menacée sur ses derrières, elle est obligée de ralentir sa marche pour protéger son convoi, rallier plusieurs compagnies qui l'escortent et tenir tête à l'ennemi. Celui-ci est repoussé à la suite de plusieurs retours offensifs, et la brigade *Galland* prend position à *Hadjar-Menkoura* que la brigade *Vincendon* vient de quitter.

Ces opérations ont été conduites avec un entrain remarquable ; les Khoumirs ont subi des pertes sérieuses ; les jeunes troupes de France ont rivalisé de vigueur sous le feu de l'ennemi, malgré les difficultés de cette région escarpée, le mauvais temps et les terrains détrempés.

Nous avions 5 tués dont un officier du 122e (M. Payet) et 18 blessés.

M. le général *Ritter*, frappé subitement d'une indisposition, est évacué sur *La Calle ;* le commandement provisoire de sa brigade est confié au colonel *Gerder*.

Ce même jour, 26 avril, la colonne *Logerot* marche sur le *Kef* et le général prend ses dispositions pour attaquer et enlever la place, si le Gouverneur n'en ouvre pas les portes comme il en est sommé. A huit heures, quatre batteries sont prêtes à ouvrir le feu contre la ville lorsque le Gouverneur accepte les conditions imposées. Deux batteries de 90, un bataillon du 83e, une section du génie et une division de cavalerie, sous les ordres du colonel du 83e, sont affectés à la garnison de cette place. Le général *Logerot* y entre à 11 heures, à la tête de ses troupes.

Le gros de la colonne campe à proximité et au sud du *Kef*.

L'occupation, sans coup férir, de la ville sainte du *Kef* produit un grand effet dans toute la Tunisie et même dans les tribus algériennes voisines de la frontière.

Occupation de Tabarque et de Bordj-Djeddid.

Enfin, dans la matinée du 26, les troupes de terre et de mer, après avoir occupé l'îlot de *Tabarque*, pouvaient débarquer sur la terre ferme et prendre possession du *Bordj-Djeddid* démantelé la veille. Le feu de la flottille avait déblayé la plage ; néanmoins la colonne d'infanterie, mise à terre vers l'Est, eut à soutenir contre les Khoumirs un combat de tirailleurs de quelque durée. On s'occupa de suite de se retrancher autour des ruines du bordj et de débarquer munitions et vivres. Cette dernière opération fut des plus pénibles à cause de l'état de la mer ; les marins s'en acquittèrent avec leur dévouement habituel. Plusieurs navires furent en perdition pendant quelques heures au mouillage. Ce mauvais temps, qui était si contraire à la marche de nos colonnes dans l'intérieur du pays, régnait devant *Tabarque* depuis le 22 ; un télégramme du 27 de M. l'amiral *Conrad*, me rendant compte du débarquement, disait que les circonstances de mer n'avaient pas permis de l'opérer un jour plus tôt.

*27 Avril.* — Des pluies torrentielles continuent. Néanmoins la brigade *Gerder*, qui n'a pas vu d'ennemis sur la rive gauche de *l'Oued-Djenan*, se porte de *Baba-Brick* à *El-Aïoun*, d'où elle peut appuyer au besoin les colonnes *Vincendon* et *Galland* et assurer leurs ravitaillements.

Ces deux dernières brigades conservent leurs positions de la veille et en complètent les travaux de défense ; elles sont dans l'eau et les brouillards.

La colonne *Logerot* quitte le *Kef* et vient camper, par *Nebeur*, sur *l'Oued-Mellègue*. Ordre est donné au commandant supérieur du *Kef* de renvoyer le 28, sous escorte, à *Souk-Ahras*, une batterie de 90 qui ne peut être utilisée au *Kef* et sera à la disposition du général *de Brem*.

A *Tabarque*, on continue le débarquement des vivres et munitions. Aucune tentative n'est faite contre nos avants-postes.

*28 Avril.* — Le mauvais temps oblige encore les brigades *Vincendon* et *Galland* à rester au camp. Le général *Delebecque* réunit à *Hadjar-Menkoura* les généraux qui les commandent et donne des ordres pour que les deux brigades exécutent, le lendemain, des reconnaissances et razzias vers l'Est et le col de *Babouch* et pour que l'œuvre de destruction soit poursuivie les jours suivants.

Dans la nuit, une véritable tempête s'abat sur les camps.

Ordres pour l'occupation de Ghardimahou.

La colonne *Logerot* se porte de *l'Oued-Mellègue* sur *Souk-el-Arba*, où elle arrive de bonne heure. La gare de *Ghardimahou*, très importante pour les ravitaillements de cette colonne, étant signalée comme menacée par les tribus voisines, le général *Logerot* donne au général *de Brem* l'ordre de faire occuper cette gare par un des deux bataillons de sa brigade stationnés à *Bou-Mesran* (mi-chemin de *Souk-Ahras* à *Ghardimahou*) et d'y envoyer un second bataillon, 2 escadrons et une batterie de 80 aussitôt que la position de *Bou-Mesran* sera occupée par le 27e bataillon de chasseurs à pied, venu de *Souk-Ahras*.

Deux bataillons et un escadron resteront dans cette dernière place. Le général *de Brem* sera de sa personne à *Ghardimahou*, qui devient le point où les troupes de la colonne *Logerot* s'approvisionneront en munitions et vivres.

Les rapports des goums signalent la présence, à quelques kilomètres de *Souk-el-Arba*, d'une colonne tunisienne. C'est celle de *Si Ali-Bey*, frère du Bey de Tunis, forte d'environ 2,000 hommes, qui revient d'*El-Mana* dont il a été question déjà et dont le séjour près de *Remel-Souk* a motivé le maintien de la brigade *Gerder* à

*El-Aïoun*. Le général *Logerot* a une entrevue avec *Si Ali-Bey*, auquel il enjoint de rentrer à *Tunis* par *Testour* et *Medjez-el-Bab*. *Si Ali-Bey* s'engage, sur l'honneur, à suivre cet itinéraire.

Le mauvais temps se fait sentir aussi à *Tabarque* et contrarie beaucoup les débarquements de vivres, de munitions ainsi que l'établissement de travaux définitifs indispensables.

*29 Avril*. — En raison de la pluie persistante, les opérations concertées la veille ne peuvent commencer qu'à midi. La brigade *Vincendon* gravit les crêtes de la chaîne du *Dahraoui* en tenant à grande distance l'ennemi par quelques obus. Un sergent est tué à bout portant dans le fourré presque inextricable des broussailles.

La brigade *Galland* se dirige, par les crêtes, sur le col de *Babouch* sans rencontrer de sérieuses résistances. L'ennemi fuit en poussant devant lui ses troupeaux. Des gourbis et des récoltes sont détruits.

La colonne *Logerot* fait séjour à *Souk-el-Arba*. La situation est bonne au *Kef*. Des demandes de soumissions sont faites.

Rien de nouveau à *Tabarque*.

*30 Avril*. — La brigade *Vincendon* exécute le matin et le soir deux razzias dans la fertile vallée de *l'Oued-Djenan*.

La brigade *Galland* fait une nouvelle exploration dans la vallée de *Babouch* et pousse ses reconnaissances vers les sentiers qui peuvent conduire au *Djebel Sidi-Abdallah-bou-Djemel*. Les passages, presque partout difficiles naturellement, ont été rendus impraticables sur plusieurs points où d'énormes rochers et des troncs d'arbres ont été roulés par l'ennemi. Celui-ci, qui semble concentré sur les arêtes du *Djebel Sidi-Abdallah-bou-Djemel*, essaie de descendre dans la vallée, mais il est tenu à distance par quelques obus ; ses cultures, ses gourbis, ses tentes sont ravagés.

Le général *Logerot* dirige de *Souk-el-Arba* vers les *Ouled-bou-Salem*, pour ramener les habitants et les maintenir dans leurs douars, une colonne légère composée de deux bataillons du 1er zouaves, commandée par le colonel de ce régiment. L'officier qui leur est envoyé à cet effet est reçu à coups de fusil, à hauteur de la gare de *Ben-Bechir*, et une action s'engage avec les zouaves. Deux escadrons du 11e hussards montant rapidement à cheval et un bataillon du 2e tirailleurs transporté par chemin de fer arrivent promptement sur le lieu du combat. Ces troupes sont presqu'aussitôt rejointes par les goums et un escadron du 3e chasseurs d'Afrique, puis par le bataillon du 4e zouaves et un nouvel escadron du 3e chasseurs d'Afrique. Le 1er zouaves avait maintenu solidement sa position devant environ 3,000 indigènes qui n'avaient pu l'entamer. A l'arrivée des renforts, il se porte en avant; l'ennemi est débordé sur sa gauche par le 11e hussards et les goums appuyés par les tirailleurs ; tout le pays jusqu'au pied des montagnes est balayé par ce mouvement. Le 3e hussards ne cesse la poursuite qu'à 3 heures. Combat de Ben-Bechir.

Pendant qu'il opère sa retraite, des groupes ennemis essaient quelques retours offensifs, mais ils sont promptement arrêtés par le feu d'une batterie de 80 judicieusement et sûrement dirigé. Le bataillon du 4e zouaves et le second escadron de chasseurs d'Afrique, formant réserve, n'ont pas été engagés.

L'ennemi a fait des pertes considérables évaluées, d'après les divers renseignements, de 200 à 400 tués. Plus de 1,500 têtes de bétail, des chevaux, mulets, etc., lui ont été enlevés.

Ce beau succès ne nous coûte que quatre blessés (dont un goumier) et huit chevaux tués ou morts de fatigue.

Un des deux bataillons du 122e restés à *Souk-Ahras* part pour renforcer la garnison du *Kef*.

Rien à signaler à *Tabarque*.

*1er Mai.* — La brigade *Vincendon* exécute une nouvelle razzia. Elle visite et ravage le vallon et la dechera de l'*Oued-Tessala*. Les Khoumirs, excités par leurs pertes de la veille et celles de la journée, se sont glissés le long de la crête du *Douani* pour tendre une embuscade au convoi de fourrage dans un passage difficile au milieu des bois. Leur projet est découvert, et le 7e bataillon de chasseurs à pied les repousse vivement en leur tuant 7 à 8 hommes

La brigade *Galland* exécute dans la vallée de *Babouch*, non loin de son camp, un abondant fourrage au vert que l'ennemi ne cherche pas à inquiéter.

La colonne *Logerot* fait séjour au camp de *Souk-el-Arba*. Des ordres sont donnés pour le quitter le 2 ; mais on apprend que la colonne de *Si Selim*, revenant des *Beni-Mazen* pour regagner *Tunis*, est à proximité de *Souk-el-Arba*. Pour ne pas laisser sur ses derrières cette colonne dont les intentions sont douteuses, le général ajourne son mouvement et impose à *Si Selim* le même itinéraire de retour qu'à *Si Ali-Bey*.

Le général *de Brem* arrive à *Ghardimahou*.

*Tabarque* n'est pas inquiété.

*2 mai*. — Dans la matinée, les brigades *Vincendon* et *Galland* exécutent encore quelques fourrages en avant de leurs camps respectifs. L'après-midi elles se préparent à faire mouvement le lendemain.

J'avais, en effet, jugé que la division *Delebecque* avait fait sur les *Ouled-Cedra* et les tribus avoisinantes tout le mal possible et que le moment était venu de rapprocher les deux colonnes pour aborder le massif principal et le plus difficile du pays *Khoumir*. La résistance paraissait devoir se concentrer vers le *Djebel Sidi-Abdallah-bou-Djemel*. En raison des difficultés que présentait l'accès de cette crête par le nord-ouest, je prescrivis au général *Delebecque* de réunir sa division à *Djebabra*, chez les *Djouablia*, d'où quelques débouchés plus faciles permettaient d'aller occuper la ligne de faîte du sud et d'aborder l'ennemi avec les forces réunies des deux colonnes.

Conditions de l'aman.

Des demandes d'aman ayant été faites près des chefs de diverses colonnes, j'avais arrêté, et vous aviez approuvé, les conditions auxquelles les soumissions pouvaient être reçues. Ces conditions étaient les suivantes :

Désarmement ;

Obligation pour la tribu de reprendre ses campements ou installations habituels ;

Fourniture de mulets pour le service des transports ;

Provision de 40 fr. par tente à verser au Trésor par les tribus contre lesquelles les algériens européens ou indigènes avaient présenté des revendications fondées ;

Engagement à payer, comme contribution de guerre, telle somme que le Gouvernement fixerait ultérieurement ;

Livraison des réfugiés, condamnés, contumaces, gens dangereux réclamés par nous ;

Livraison d'otages désignés par nous comme garantie de l'exécution de ces conditions.

Le 2 mai, la colonne *Logerot* fait séjour à *Souk-el-Arba*. Le Khalifat des *Chiaïa* qui ont perdu beaucoup de monde dans le combat du 30, à *Ben-Bechir*, vient faire sa soumission.

A *Tabarque*, les installations et approvionnements se complètent. Les *Ouled-Amor* et les *Rouaïssia*, petites tribus du bord de la mer entre *La Calle* et *Tabarque*, font leur soumission, ce qui assure de la viande fraîche au détachement et permet d'installer un service de courrier par terre.

Réunion de la division Delebecque à Djebabra.

3 *mai*. — La division *Delebecque* exécute sa réunion sur *Djebabra*. Les trois brigades sont campées séparément sur trois coteaux très voisins, en face du poste tunisien d'*El-Hammam*, à 4 kilomètres de *Remel-Souk* où les convois sont réapprovisionnés. Le chemin de *Sidi-Youssef* est reconnu. Je donne communication de vos instructions au sujet des mesures administratives à prendre dans les tribus tunisiennes.

La colonne *Logerot* exécute autour de *Souk-el-Arba* diverses reconnaissances ; la brigade de cavalerie *Gaume* va visiter le bas de la vallée de l'*Oued-Ghezala* par laquelle on peut se porter sur *Fernana.*

Des travaux de réparations au bordj *Djeddid* sont commencés.

Mouvement sur El-Mana.

*4 mai.* — La brigade *Gerder* prend la direction d'*El-Mana* et campe à *Sidi-Youssef* où elle est rejointe le soir par la brigade *Galland.* Le général *Delebecque*, avec un bataillon de tirailleurs, fait en avant de *Sidi-Youssef* une reconnaissance vers le col, à l'Est du *Djebel Addeda.* Le passage de l'*Oued-el-Kebir* grossi par les pluies est très-difficile.

La brigade *Vincendon* fait séjour à *Djebabra* où le quartier général du corps expéditionnaire se transporte après avoir reçu à *Remel-Souk* la soumission des *Selloul.*

La colonne *Logerot* reste à *Souk-el-Arba.*

Rien à signaler à *Tabarque* jusqu'au 9 mai.

*5 mai.* — La brigade *Gerder*, éclairée par les goums et suivie de la brigade *Galland*, gravit les pentes d'*El-Mana* sans incident. La brigade *Vincendon* part de *Djebabra* de façon à ce que sa marche ne soit pas ralentie par celle des troupes qui la précèdent. Elle arrive à 3 heures à *El-Mana* où sont réunies les trois brigades de la division *Delebecque*, l'état-major de cette division, et le quartier général. On travaille de suite à relier par un fil télégraphique *El-Mana* à *Remel-Souk* qui est déjà en communication avec *La Calle.*

La colonne Logerot à Fernana.

La colonne *Logerot* se porte de *Souk-el-Arba* à *Fernana* et campe sur la rive droite de l'*Oued-Ghezala.* Le général reçoit l'ordre de se rendre le lendemain à *Sidi-Salah*, à mi-chemin d'*El-Mana*, pour y conférer avec moi.

Le général *de Brem*, laissant un bataillon à *Ghardimahou*, se porte à *Sidi-Meskin*.

Dans la soirée, le temps redevient affreux ; la pluie tombe par torrents ; les camps de la colonne *Delebecque* sont enveloppés dans les brumes.

*6 mai.* — Continuation du mauvais temps qui empêche toute opération.

Les hommes, dans certaines parties du camp de la division *Delebecque*, ne peuvent allumer du feu pour faire la soupe. Ils sont dans la boue ; les muletiers indigènes du convoi, qui sont sans aucun abri, souffrent plus particulièrement.

Je me rends à *Sidi-Salah* où je reçois de M. le général *Logerot* les meilleurs renseignements sur la situation morale et matérielle des troupes sous ses ordres. J'arrête avec lui les mouvements que sa colonne devra faire en avant de *Fernana* pour agir contre les *Khoumirs* en même temps que la colonne *Delebecque* et, autant que possible, à sa hauteur.

Le soir, quelques éclaircis dans la pluie et le brouillard permettent à la télégraphie optique de fonctionner par instants entre *Fernana* et *El-Mana ;* mais il n'est pas possible de correspondre avec *Remel-Souk ;* le fil est fréquemment cassé, surtout aux abords du camp, par les allées et venues inévitables, et les télégraphistes sous une pluie battante s'épuisent en vain à réparer les ruptures.

Le général *de Brem* arrive à *Souk-el-Arba.*

*7 mai.* — Quoique les pluies de la veille se soient ralenties, le terrain est tellement détrempé que toute opération est impossible. La division *Delebecque* fournit 700 travailleurs pour améliorer le sentier d'*El-Mana* à *Fernana* qui présente près d'*El-Mana* des passages très-difficiles que j'ai reconnus la veille.

Le général *Cailliot* arrive au camp et prend le commandement de la brigade *Ritter* provisoirement exercé par le colonel *Gerder*.

La colonne *Logerot* reste à *Fernana* où elle reçoit la

batterie de 80, arrivée la veille avec la brigade *de Brem* à *Souk-el-Arba*. La batterie de 90 revenue du *Kef* à *Souk-Ahras* et dirigée sur *Ghardimahou*, a rejoint la veille par voie ferrée et remplace à la brigade *de Brem* la batterie de 80. Cette batterie a triomphé des plus grandes difficultés de terrain pour descendre sans accident les pentes abruptes qui avoisinent *Ghardimahou*. Le général *de Brem* reste à *Souk-el-Arba* surveillant la vallée et assurant les communications avec *Ghardimahou* jusqu'au 18 mai.

Au *Kef*, le colonel commandant supérieur ayant eu à se plaindre des agissements du gouverneur tunisien *Si-Reschid*, je demandais et obtenais le remplacement de ce chef indigène.

Envoi à Bizerte du corps expéditionnaire des côtes de Tunisie.

Cependant j'avais reçu, dès le 28 avril, l'avis du projet du gouvernement de faire occuper *Bizerte* et de l'embarquement à Marseille et Toulon d'une quatrième brigade de renfort aux ordres du général *Maurand*. Cette brigade, composée de trois régiments, d'un bataillon de chasseurs, d'une compagnie du génie et de deux batteries de montagne de 80, devenait, après l'addition de deux régiments de cavalerie, de deux batteries montées de 80, d'une batterie à pied avec six pièces de 90, d'une section de munitions, d'un parc d'artillerie et d'un parc du génie, le corps expéditionnaire des côtes de Tunisie sous les ordres du général *Bréart*. Ces forces avaient pour mission d'occuper, sur la droite des colonnes *Delebecque* et *Logerot*, la partie de la Régence comprise entre *Bizerte*, *Tunis*, *Djedeida*, *Beja* et *Mateur*.

L'action des troupes, sous mon commandement, devait donc s'étendre sur tout le territoire tunisien au nord de la *Medjerda*, sur l'*Oued-Mellegue* et sur le *Kef*.

Le premier échelon du corps *Bréart*, embarqué dans la nuit du 28 au 29 avril, prenait terre à *Bizerte*, sans coup férir, le 2 mai dans la matinée. Toutes les mesures étaient prises immédiatement pour l'occupation des forts, pour l'installation des troupes, des magasins et services, pour la mise en état de défense de la place.

Dans la nuit du 4 au 5, le deuxième échelon, parti de Marseille le 3, arrivait et commençait son débarquement dans la journée du 5. Le même jour, M. le général *Bréart* débarquait également.

Pendant que le débarquement se poursuit lentement à cause des distances à franchir, du petit nombre de chalands, des difficultés de la passe, de la mauvaise disposition des quais, etc., on continue, les 6 et 7 mai, les travaux intérieurs de la place ; on organise les états-majors et services administratifs.

Reconnaissance sur le marabout de Sidi-Abdallah bou-Djemel.

Le général *Delebecque*, avec 12 bataillons sans sacs (4 de chacune des brigades), l'artillerie, le génie et l'escadron mixte, dirige une forte reconnaissance sur le marabout de *Sidi-Abdallah-bou-Djemel* où l'on espérait rencontrer l'ennemi. La descente dans la vallée de l'*Oued-Melah*, le passage de cette rivière et la montée du *Djebel Sidi-Abdallah* sont des plus pénibles. Néanmoins la brigade *Vincendon* arrive à la zaouïa sans rencontrer de résistance. La koubba est respectée, mais des gourbis sont détruits; des tentes, des troupeaux sont enlevés. Des reconnaissances sont poussées sur la rive gauche de l'*Oued-Melah*, sur le flanc du *Djebel Dir*, vers *Aïn-Draham* et le col d'*El-Meridj*. Cette dernière, la plus importante, exécutée vivement par la brigade *Vincendon*, provoque une assez vive fusillade et démontre bientôt que, tout en se repliant, l'ennemi doit occuper en nombre le col d'*Aïn-Draham* et surtout celui de *Fedj-el-Meridj*. Les troupes rentrent, sans être inquiétées, au camp d'*El-Mana* sous une pluie battante.

Reconnaissance de la brigade Logerot vers Ben-Metir.

De son côté le général *Logerot*, avec quatre bataillons sans sacs, s'est porté au nord de *Fernana*, dans la direction de *Ben-Metir*, point à l'est d'*Aïn-Draham* sur lequel vient déboucher la gorge d'*El-Meridj*. Il a reconnu à *El-Fedj*, à l'entrée du défilé d'*El-Hamman*, un bon emplacement de camp d'où il pourra préparer les voies d'accès vers *Ben-Metir*. Le terrain présente des bois et fourrés épais et des difficultés de toute nature très-grandes. Un engagement a lieu entre nos goums et l'ennemi qui a quelques tués, et les bataillons rentrent à *Fernana* sans être inquiétés.

A *Bizerte*, le général *Bréart* reçoit du Ministre l'ordre de partir le jour même, pour se rendre en 48 heures à *Djedeïda* avec un premier échelon formé de ses troupes disponibles, en laissant à *Bizerte* le général *Maurand* pour organiser le départ d'un second échelon et assurer les derniers débarquements.

Le général *Bréart* va bivouaquer à *Bahirt-Gournata* après une marche très-pénible de 33 kilomètres.

*9 mai.* — Des torrents de pluie ne cessent de tomber durant la nuit du 8 au 9. Il est impossible à la division *Delebecque* de faire travailler aux voies d'accès reconnues la veille sur les rives de l'*Oued-Melah* vers le marabout de *Sidi-Abdallah* et *El-Meridj*. On se borne à des reconnaissances d'officiers et à un fourrage au vert.

A la colonne *Logerot* qui reste à *Fernana*, on reconnaît la route conduisant à la station de *Souk-el-Khemis*.

Le général *Bréart*, contrarié par le mauvais temps et par l'état des chemins, bivouaque au *Fondouk*.

Le deuxième échelon des troupes envoyées à *Djedeïda* vient de *Bizerte* à *Bahirt-Gournata*.

A *Tabarque*, à peu de distance du camp, deux officiers sont assaillis par des coups de feu tirés des broussailles avoisinantes. Le commandant supérieur fait fouiller ces broussailles par une compagnie, et bientôt une action assez vive s'engage. La section d'artillerie, survenue à propos, tire quelques obus, et les *Khoumïrs* assez nombreux d'abord, se retirent avec pertes. Nous avions, de notre côté, deux hommes blessés légèrement.

*10 mai.* — Le soleil reparaît. Les hommes peuvent se sécher et se nettoyer.

La division *Delebecque* ouvre une bonne rampe vers l'*Oued-Melah* et le génie établit deux ponts sur cette rivière. Le chef d'état-major va reconnaître sur les hauteurs de gauche une position favorable à l'assiette d'un camp, vers *El-Meridj*. Des ordres sont donnés pour les mouvements du lendemain. Les brigades *Vincendon* et *Galland*, avec leurs convois, doivent quitter *El-Mana* pour aller camper à *Sidi-Abdallah-bou-Djemel*, rive droite de l'*Oued-Melah*. La brigade *Cailliot* doit, sur la rive gauche, se porter à *Dar-el-Abidi* vis-à-vis et à hauteur des deux autres.

Des fourrages sont exécutés autour du camp d'*El-Mana*. Deux cadavres mutilés de soldats sont trouvés dans un champ à trois kilomètres au-delà des grandes gardes ; ce sont ceux de deux hommes du train qui s'étaient aventurés isolément, en dehors des heures fixées. Le lendemain, un troisième cadavre était retrouvé dans les mêmes conditions, au milieu des fourrés, sur le sentier ouvert dans la direction de *Dar-el-Abidi*.

Sur quelques points, nos éclaireurs ont été accueillis par une fusillade peu nourrie et sans résultat.

L'ordre est envoyé à la colonne *Logerot* de se porter le lendemain sur *El-Fedj* en laissant à *Fernana* la majeure partie de la cavalerie du général *Gaume*. Des travailleurs préparent sur l'*Oued-Ghezala* des passages empierrés, car une crue de cette rivière menace de rendre difficiles et dangereux les gués que l'on doit franchir le lendemain.

Le général *Bréart* arrive à *Djedeïda* et campe sur la rive droite de la *Medjerda*. Son deuxième échelon est au *Fondouk*. Occupation de Djedeïda.

M. l'intendant militaire *Mony*, délégué du Ministre, débarque à *Bizerte* pour assurer le fonctionnement des services administratifs. Il adresse au commandant du corps expéditionnaire un rapport favorable sur la situation.

Les environs de *Bizerte* et surtout de *Mateur* sont en émoi. Les tribus des *Mogods* et des *Nefza* excitent les populations contre nous.

Le Ministre prescrit l'occupation de *Beja* le plus tôt possible ; j'obtiens de n'envoyer des troupes sur ce point qu'après avoir brisé la résistance des *Khoumirs*, que l'on suppose réunis en grand nombre dans les massifs de *Ben-Metir*. Toutefois, pour soutenir au moins moralement le parti français qui existe parmi les habitants de *Beja* et afin d'occuper une position plus centrale par rapport aux troupes sous mes ordres, je transporte le quartier général du corps expéditionnaire d'*El-Mana* à *Fernana*, au camp de la brigade *Gaume*.

Mouvement de la division Delebecque en avant d'El-Mana.

*11 mai.* — L'état du sol semble ne devoir pas entraver la marche. Les brigades *Vincendon* et *Galland*, conduites par le général de division, se dirigent sur le marabout *Sidi-Abdallah*. La première partie de la route et le passage de l'*Oued-Melah*, préparés les jours précédents, se font facilement. Mais les plus grands efforts sont nécessaires pour gravir les pentes abruptes et ravinées de la rive droite. La tête de colonne pousse jusqu'au-delà d'*Aïn-Draham*, où, à la suite d'un engagement peu important, on fait quelque butin sur l'ennemi. Les deux brigades et le quartier général de la division campent autour du marabout de *Sidi-Abdallah*.

La brigade *Cailliot* a pris position, sans rencontrer de résistance, sur l'étroit plateau de *Dar-el-Abidi*.

Profondément impressionné par l'arrivée de nos troupes sur des positions jusqu'alors considérées comme inaccessibles, l'ennemi se dérobe encore une fois par le col d'*El-Meridj*, dans la vallée de l'*Oued-ben-Metir*.

Installation de la brigade Logerot au camp d'El-Fedj

La colonne *Logerot* se porte sur *El-Fedj*. Elle y avait à peine dressé son camp que le goum, soutenu par un escadron du 3e chasseurs d'Afrique, engageait, en avant de la face nord, une vive fusillade avec l'ennemi caché dans des bois épais. Bientôt l'affaire devient plus chaude ; les *Khoumirs* font preuve d'une grande ténacité. Goumiers et chasseurs d'Afrique sont obligés de mettre pied à terre pour continuer la lutte dans les maquis. L'artillerie, déjà en position favorable au camp, ouvre le feu, et un bataillon (3 compagnies) du 1^er^ zouaves se porte rapidement en avant. En vain les *Khoumirs* essaient de résister sur une crête abrupte où ils ont préparé des abris ; chargés à la bayonnette par les zouaves et poursuivis par les obus, menacés d'un autre côté sur leur droite par un bataillon du 4^e^ zouaves qui avait gravi, au milieu des plus grandes difficultés, les rochers de la rive droite de l'*Oued-el-Hammam*, ils se débandent et les troupes rentrent au camp sans un coup de fusil tandis que 300 travailleurs s'occupent activement à rendre praticable le sentier vers *Ben-Metir*.

Dans cette journée, l'ennemi a subi des pertes considérables. Nous avons eu, de notre côté, 5 tués (dont 3 hommes du goum), 4 blessés, dont un officier (le lieutenant Chéronnet, du 3^e^ chasseurs d'Afrique) et un homme du goum, plus un goumier disparu et 2 chevaux blessés.

Le général *Bréart* fait séjour à *Djedeïda*. Il y est rejoint par son deuxième échelon. Par ordre ministériel, le général *Maurand* part avec une petite escorte pour rejoindre le général *Bréart*, laissant le commandement de *Bizerte* à M. le colonel *Denis*. Le général *Bréart* est prévenu par le Ministre que le Gouvernement l'a désigné comme plénipotentiaire pour la conclusion d'un traité avec *S. A. le Bey*. Il doit, à cet effet, porter sa colonne à peu de distance du *Bardo*, se concerter avec M. *Roustan*, consul général, et se présenter au *Bardo* avec une escorte convenable.

Rien de nouveau ne s'est produit à *Tabarque*.

*12 mai.* — La pluie tombe sans interruption du 11 au 12 et continue pendant la matinée du 12 de façon à rendre toute opération ou travail de route impossible pour les trois brigades de la division *Delebecque*, qui se bornent à exécuter quelques fourrages au vert.

Je vais visiter au camp d'*El-Fedj* les troupes du général *Logerot*. Malgré le mauvais temps, elles sont parvenues à ouvrir un passage pour les mulets jusqu'au débouché d'*El-Hammam* sur *Ben-Metir*.

Deux escadrons du 11e hussards, brigade *Gaume*, se rendent de *Fernana* à *Souk-el-Arba*, où ils montent en chemin de fer pour aller rejoindre le général *Bréart*; mais celui-ci ayant fait connaître que ces escadrons ne lui sont pas nécessaires, il rentrent le lendemain à *Fernana*.

Le général *Bréart*, selon ses instructions, porte sa colonne à *Manouba* où elle asseoit son camp et se rend au *Bardo* avec un escadron d'escorte seulement. Il présente à *S. A. le Bey* le traité proposé par le Gouvernement français.

Signature du traité de garantie.

Son Altesse signe cet important document en présence de M. le consul général *Roustan*, de l'état-major du général plénipotentiaire et du général *Maurand* qui arrive de *Bizerte*.

A *Tabarque*, le colonel *Delpech* reçoit la soumission des *Ouled-Cedra*.

*13 mai*. — La présence de l'ennemi vers *Ben-Metir* ayant été bien constatée, il était nécessaire de l'y poursuivre par un changement de front à droite de la division *Delebecque* et par une attaque directe de la colonne *Logerot*. Mais l'état détrempé du terrain et les difficultés que présentait la marche à travers les bois et les ravins obligeaient à renvoyer l'action sur *Ben-Metir* au 14.

En conséquence, la brigade *Galland* est maintenue à *Sidi-Abdallah* pour assurer les communications avec *Remel-Souk* et recevoir un convoi parti de ce point.

La brigade *Vincendon* va camper à *Aïn-Draham* et reconnaît les pentes ouest du *Djebel-Dir* ainsi que le débouché à suivre le lendemain.

La brigade *Cailliot* fait une reconnaissance complète du défilé d'*El-Méridj*.— Ces opérations ne sont pas inquiétées.

M. le lieutenant-colonel *Perrier*, chef du service géographique et topographique du corps expéditionnaire, arrive au camp de M. le général *Delebecque* avec le lieutenant-colonel *Mercier* et plusieurs autres officiers attachés à ce service.

La colonne *Logerot* séjourne à *El-Fedj*.

La colonne *Bréart* doit, d'après des instructions du Ministre, occuper *Beja* et *Mateur* indépendamment de *Bizerte* et de *Djedeida*. Le général *Bréart* se prépare à se porter sur *Béja*.

Le Ministre décide que les ravitaillements des colonnes se feront désormais par *Tunis* au moyen de la ligne ferrée. M. l'intendant *Mony* organise dans cette ville le personnel et le matériel nécessaires.

Mouvements sur Ben-Metir. Combat du 2e tirailleurs

*14 mai.* — La brigade *Galland*, laissant deux bataillons à *Sidi-Abdallah*, se porte à *Aïn-Draham* où elle remplace la brigade *Vincendon*. Celle-ci contourne le *Djebel Dir* et gagne par les crêtes de la rive droite de l'*Oued-ben-Metir* la position de *Debabsa* où elle campe sur un vaste plateau. Un homme et un cheval du goum sont tués dans un engagement sans importance.

La brigade *Cailliot* s'engage dans le défilé d'*El-Meridj*, le traverse et suit à mi-pente la rive gauche de l'oued. Le terrain est très-difficile, d'énormes troncs d'arbres jetés par les *Khoumirs* dans les passages les plus étroits retardent la marche qui est couverte par un bataillon sur les les crêtes de la rive droite.

La brigade campe vers midi près des belles sources de *Ben-Metir*, sans avoir rencontré de résistance.

De son côté le général *Logerot* se porte aussi sur *Ben Metir* après avoir divisé ses troupes en trois colonnes. La première longe les crêtes de la rive droite de l'*Oued-el-Hammam*, la seconde suit à mi-côte sur la même rive le sentier ouvert les jours précédents, la troisième, composée de deux bataillons de tirailleurs et d'une batterie de montagne, remonte la rive gauche.

Tandis que les deux premières colonnes arrivent sans incident sur les hauteurs au sud de *Ben-Metir*, la troisième ne s'avance que lentement sur les pentes escarpées couvertes de bois et de rochers du *Djebel Salah*. Elle repousse facilement plusieurs groupes de tirailleurs ennemis sur lesquels quelques obus sont lancés de la rive droite par l'artillerie de la colonne principale. Mais au sortir du défilé, le bataillon de tirailleurs, qui marche en flanc-garde à droite et forme l'arrière-garde, est soudainement attaqué avec une grande vigueur par des forces considérables. Cette attaque est repoussée vivement; les deux bataillons, appuyés par la batterie d'artillerie qui marche avec eux, s'élancent à la poursuite de l'ennemi qu'ils couvrent de feux de salve et qui fuit en chassant devant lui un nombre considérable de troupeaux, de femmes, d'enfants qui, poussés par les colonnes *Delebecque*, croyaient trouver un refuge assuré dans les rochers du *Djebel Tedmaka*. Les tirailleurs s'étaient laissés entraîner un peu loin pendant cette affaire; il fallait les maintenir sur la position qu'ils occupaient; le bataillon du 4e zouaves leur est envoyé comme renfort et ils passent la nuit sur les lieux mêmes sans être inquiétés. Dans cette journée, le 2e tirailleurs a eu 8 blessés.

La colonne du général *Logerot* est maintenue sur ses emplacements à *Ben-Metir* jusqu'au lendemain 15, à midi, pour prêter aide au besoin à la brigade *Cailliot* qui doit parcourir tous les ravins au sud et à l'est de ce point.

Cette journée du 14, si elle n'a pas donné les résultats matériels espérés, puisque les *Khoumirs* n'ont été atteints que partiellement et ont encore pu se dérober eux et leurs biens, alors que nous comptions les enserrer à *Ben-Metir*, cette journée, dis-je, a toutefois exercé une action morale profonde sur les tribus encore disposées à la résistance. J'ai pu en suivre toutes les phases avant de rentrer à *Fernana*. Jamais des troupes n'avaient pénétré dans cette région abrupte, sauvage, où l'on ne peut s'avancer que la hache et la pioche à la main, au prix des plus grands efforts ; jamais le sentiment de l'indépendance, inné chez ces populations montagnardes, n'avait reçu pareille preuve de son impuissance. Dans nos rangs au contraire l'entrain, l'énergie, la confiance régnaient au plus haut degré. Et la vue de nos drapeaux plantés sur les crêtes du magnifique amphithéâtre de *Ben-Metir*, les refrains et les airs nationaux qui se répercutaient dans ces gorges presque inextricables étaient bien de nature, en effet, à exalter le moral de nos soldats.

Une certaine excitation des esprits s'étant manifestée à *Tunis*, le général *Bréart* reçoit du Ministre l'ordre de surseoir aux mouvements ordonnés sur *Beja* et *Mateur*.

Les *Ouled-ben-Saïd* demandent l'aman, à *Tabarque*, au colonel *Delpech*. Quelques coups de feu sont tirés la nuit sur nos avants-postes dans la direction des *Meknas*. Une sentinelle est tuée à bout portant sans que l'agresseur ait pu être atteint.

*15 mai.* — La brigade *Cailliot* et la colonne *Logerot*, appuyées par une partie de la brigade *Vincendon*, fouillent en vain pendant la matinée tous les ravins de *Ben-Metir*. L'ennemi ne se montre nulle part en force ; des traces nombreuses prouvent qu'il a emmené ses troupeaux dans la direction nord-est.

Les brigades *Cailliot* et *Vincendon* regagnent leur camp, et la colonne *Logerot* rejoint le sien à *El-Fedj* sans être inquiétées. Le général *Vincendon* prend une position menaçante pour les *Atatchas*, en portant trois bataillons à 2 kilomètres en avant et au nord-est de son camp.

Une grande revue des troupes réunies à *Manouba* est passée par M. le général *Bréart*. M. *Roustan*, ministre résident, assiste à cette revue qui avait attiré un très grand nombre de spectateurs.

Des ordres sont donnés pour exécuter le lendemain sur *Beja* et *Mateur* les mouvements ajournés la veille.

Transport du dépôt de vivres de Remel-Souk à Aïn-Draham.

*16 mai.* — Sur la proposition de M. le général *Delebecque*, je prescris l'envoi et la réunion à *Aïn-Draham* de tous les vivres en réserve à *Remel-Souk*. A mesure que les colonnes s'éloignaient de ce point, les ravitaillements devenaient de plus en plus difficiles par les chemins affreux que les convois devaient suivre ; j'ordonne en même temps la levée du petit camp de *Remel-Souk*, la rentrée à *La Calle* des munitions disponibles, une fois toutes celles de la Division complétées, et la suppression du dépôt d'ambulance d'évacuation. Je fais étudier la possibilité de ravitailler par *Tabarque* les troupes du général *Delebecque*.

Le général *Cailliot* se porte à *Aïn-ben-Metir*, le général *Vincendon* à *El-Atatfa* sur les crêtes de *Medjen-Tebaïnia*, où il reçoit la soumission des *Atatfas*. Les deux brigades sont à une faible distance l'une de l'autre et à portée de se soutenir mutuellement au besoin. C'est ainsi que pendant toute la campagne les opérations ont été dirigées pour éviter toute chance d'échec, pour briser rapidement la résistance et épargner les forces et le sang du soldat qui n'auraient pu que s'épuiser dans des luttes partielles où tout l'avantage devait revenir aux montagnards.

La brigade *Galland* reste à *Aïn-Draham*, point important, considéré par tous comme la clef du pays des *Khoumirs* et comme le passage presque forcé de *Tabarque* au nord sur *Fernana* au sud, et de *Béjà* à l'est par *Sidi-Fetalla* vers *Remel-Souk* et *El-Aïoun* à l'ouest.

La colonne *Logerot*, dont la présence n'est plus nécessaire près de la divisîon *Delebecque*, revient d'*El-Fedj* à *Fernana*.

La brigade *Gaume* est constituée de façon à agir avec isolement dans la vallée de la *Medjerda*.

Le général *Bréart* commence à *Manouba* l'embarquement des troupes destinées à aller occuper *Beja*. Le général *Maurand* se dirige sur *Mateur* par *Djedeïda* où il arrive le soir même.

A *Tabarque*, trois fractions des *Houamdias*, sur quatre, font leur soumission.

J'ai omis de citer en leur temps celles des *Ouled-Hellal*, des *Bekraïssias*, des *Tebaïnias*, etc., que nos colonnes avaient successivement visitées.

*17 mai.* — Les trois brigades de la division *Delebecque* conservent le camp de la veille. La pluie et le brouillard ne permettent que des reconnaissances ou fourrages de peu d'importance.

La colonne *Logerot* prend la direction de *Beja* par suite de l'ordre arrivé au général *Bréart* de conserver toute la sienne entre *Djedeïda*, *Mateur* et *Bizerte*. Elle campe sur l'*Oued-bou-Ertma* à *Skhira*, à peu de distance de la gare de *Souk-el-Khemis*.

Le général *Bréart* rappelle celles de ses troupes déjà embarquées à destination de *Beja* et donne des ordres pour réunir sa colonne à *Djedeïda*. Le général *Maurand* part pour *Mateur* avec deux bataillons, un escadron du 1er hussards et une batterie de montagne. Il couche à *Aïn-Ghelal* d'où il se met en relations avec le colonel *Périgord de Villechenon*, du 9e chasseurs, qui doit se joindre à lui le lendemain avec une colonne sortie de *Bizerte* (un bataillon, 2 escadron 1/2 de chasseurs et une compagnie du génie) pour concourir à l'occupation de *Mateur*.

*18 mai.* — Les trois brigades de la division *Delebecque* conservent leurs positions de la veille. Reconnaissances et travaux d'accès sur les directions à suivre le 19.

Le général *Galland*, toujours à *Aïn-Draham*, a fait exécuter de nombreux et utiles débouchés autour de ce point. Il choisit et met en état un emplacement favorable pour le biscuit. Ville projeté.

La colonne *Logerot* fait séjour à *Skhira* où je porte mon quartier-général.

La brigade *de Brem* vient à *Souk-el-Khemis* et la brigade *Gaume* est à *Souk-el-Arba* pour la surveillance de la vallée de la *Medjerda*, depuis *Ghardimahou* jusqu'aux gorges de *Beja*.

Le général *Bréart* installe son camp à *Djedeïda* sur les deux rives de cette rivière.

Combat de Mateur.

Le général *Maurand*, en se dirigeant sur *Mateur*, est assailli par de nombreux partis ennemis presque au début de sa marche. Il pousse néanmoins en avant pour faciliter à son convoi le passage de l'*Oued-Chaïr*, occupe les crêtes du *Djebel Dakouina*, d'où son artillerie a des vues favorables et ouvre son feu ; puis, son convoi passé, il prend une direction un peu à droite de *Mateur* pour opérer sa jonction avec la petite colonne *Périgord de Villechenon*. Celle-ci est depuis plus de deux heures engagée contre un ennemi dont le bruit du canon de la brigade *Maurand* n'a pas diminué la ténacité. Mais les contingents indigènes ne peuvent, malgré leur vigueur, empêcher la réunion des deux colonnes qui changent de direction à gauche, traversent l'*Oued-Younim* et abordent résolument les pentes du mamelon fortifié qui domine *Mateur*, pendant que l'artillerie canonne le bordj qui en couronne le sommet. L'assaut de la place est imminent, quand le drapeau blanc est hissé au moment où notre cavalerie, bientôt suivie par le 30e bataillon de chasseurs, pénètre au galop dans la ville.

Les notables viennent faire leur soumission au général *Maurand*, et les longues lignes ennemies s'effacent rapidement dans la région montagneuse de l'ouest.

On évalue à 2,500 hommes la force des contingents indigènes dans cette journée et à 50 le nombre de leurs morts. De notre côté, 4 blessés seulement.

Mouvements sur les vallées de l'Oued-Zen et de l'Oued-El-Moula.

*19 mai.* — Les brigades *Vincendon* et *Cailliot* se mettent en mouvement, suivant les instructions reçues la veille. La première se porte à *Ouldj-Souk* où elle campe, en faisant occuper par deux bataillons l'importante position de *Fedj-Settara*. Elle tient ainsi la tête de l'*Oued-el-Moula* et se trouve en communication facile avec la brigade *Cailliot* qui s'est rendue à *El-Guemaïr*, d'où elle commande le haut de la rive gauche de l'*Oued-Zen*. Cette rivière présente un cours très tourmenté et qui nous est complétement inconnu. Il change presqu'aussi souvent de nom que de direction. Ses bords sont couverts de bois épais. A la faveur de ces abris, les *Khoumirs* attaquent résolument une grand-garde du 1er tirailleurs, et ce n'est qu'après une fusillade de deux heures qu'ils peuvent être repoussés. Deux tirailleurs sont tués et deux blessés.

La brigade *Galland* commence à recevoir à *Aïn-Draham* les convois de vivres de *Remel-Souk* et entoure le biscuit-ville d'un retranchement de campagne.

La colonne *Logerot* s'avance jusqu'à *Kef-Chada*, à 4 kilomètres de *Beja*. Tous les notables de *Beja* se présentent et protestent de leur soumission.

La brigade *de Brem* se porte à *Skhira*.

Quelques craintes de difficultés s'étant produites aux environs de *Ghardimahou*, je dirige sur ce point deux escadrons de la brigade *Gaume*.

A *Mateur*, le général *Maurand* procède à l'installation des troupes et des services. Il n'est nullement inquiété par l'ennemi. Le général *Bréart* s'installe à *Djedeïda*.

Communication de la division Delebecque avec Tabarque.

*20 mai*. — Séjour des brigades de la division *Delebecque* dans leurs camps de la veille. Le chef d'état-major de la brigade *Vincendon* se rend à *Tabarque* avec une faible escorte et reconnait la possibilité de se ravitailler sur ce point. Le général *Cailliot* envoie des reconnaissances à l'est de son camp d'*El-Guemaïr*, l'intention du général commandant la division étant de pénétrer dans la région de l'*Oued-Zen* par les deux rives de la vallée. Un zouave est tué raide à bout portant dans les maquis.

Le général *Galland* dirige sur *Remel-Souk* tous les mulets disponibles des trois brigades pour activer l'évacuation et le transport à *Aïn-Draham* de tous les vivres de *Remel-Souk*.

Occupation de Béja.

A six heures du matin le général *Logerot* fait son entrée dans *Beja*, à la tête du bataillon du 4e zouaves ; le Drapeau Français est hissé sur la casbah. La colonne campe sur les hauteurs de l'ouest de la ville ; la population fait preuve de la plus grande confiance et se livre a ses travaux et à son commerce habituels.

J'arrive avec mon quartier-général dans l'après-midi et je campe ou sud-ouest, à peu de distance de la ville et de la colonne *Logerot*.

Continuation des mesures d'installation et de mise en état de défense de *Mateur*. Reconnaissances des troupes de *Djedeïda* sur *Tebourba*.

On termine à *Tabarque* un pont de chevalets sur l'oued de même nom pour faciliter les communications ultérieures avec la colonne *Delebecque ;* on commence les travaux d'un chemin muletier de *Tabarque* sur *La Calle* par les *Ouled-Amor*.

*21 mai.* — Les brigades *Vincendon* et *Cailliot* exécutent des travaux de route vers *Tabarque* et vers *Fedj-Settara*, ainsi que des fourrages au vert. Une évacuation de malades a lieu du camp d'*Ouldj-Souk* sur *Tabarque*, d'où l'on amène un petit convoi de vivres.

La colonne *Logerot*, qui devait prendre, le 21, la direction du nord-ouest pour appuyer les opérations du général *Delebecque*, est maintenue à *Beja* par suite de la réception d'avis peu favorables sur la situation générale des esprits et de l'ignorance où j'étais encore de l'occupation de *Mateur*.

Dans cette dernière place, les reconnaissances de cavalerie du général *Maurand* sont reçues à coups de fusils, à quelques kilomètres en avant du camp. Il y a dans les populations voisines beaucoup d'agitation.

*22 mai.* — Même situation des brigades de la division *Delebecque*. Le général commandant cette division prépare l'attaque du pays des *Meknas*, tribu énergique et fort hostile chez laquelle s'étaient réfugiés tous les gens récalcitrants des tribus *Khoumirs* qui avaient déjà demandé et obtenu l'aman. Il attend pour cela que le biscuit-ville d'*Aïn-Draham* ait reçu tous les vivres de *Remel-Souk*.

Cette opération est achevée. *Remel-Souk* est complétement évacué, et les troupes, laissées à la garde de ce poste (2 bataillons du 18$^{e}$, un escadron du 4$^{e}$ hussards et une section d'artillerie), se mettent en marche pour rejoindre la colonne *Galland*. Elles couchent à *Sidi-Abdallah*.

Les troupes, laissées à *Remel-Souk* depuis le commencement des opérations pour la garde du dépôt de vivres et de munitions, ont en outre contribué aux escortes des convois dirigés sur *El-Mana* et sur *Aïn-Draham*. Le 17 mai, l'escadron du 4$^{e}$ hussards, escortant un convoi de fonds dirigé sur le quartier-général, a reconnu la route de *Remel-Souk* à *Fernana* par les *Beni-Mazen*, route importante qui contourne par le sud le *Djebel Adissa* et pourrait être facilement rendue carrossable.

Le chef d'état-major de la brigade *Cailliot* fait une longue reconnaissance sur la rive droite de l'*Oued-Zen*, dans la direction de l'est et de la montagne des *Hamdoun*.

La colonne *Logerot* quitte *Beja* et va camper vers le nord-ouest, à *El-Guerria*, sur l'*Oued-Henef* où les *Hamdoun* achèvent leur soumission. Le chef le plus important des *Nefzas* se présente aussi demandant l'aman et déclarant que, devant le déploiement de nos forces, les *Khoumirs* renoncent à la lutte. Elle doit cependant se prolonger encore quelques jours.

Le soir, le général *Logerot* aperçoit trois fusées dans la direction du sud-ouest. C'était le signal convenu qui devait être donné à heure fixe dans chaque colonne pour signaler sa position aux colonnes éloignées.

A *Mateur* les dispositions sont toujours hostiles. Un chasseur est tué dans une reconnaissance. La tribu des *Hadhil* demande à se soumettre.

*23 mai.* — Les troupes venues de *Remel-Souk* rallient à *Aïn-Draham* la brigade *Galland* qui est ainsi complétée.

La brigade *Vincendon* fait en avant de son camp et sur le territoire des *Meknas* une petite razzia, sans être inquiétée par l'ennemi.

La brigade *Logerot* se porte à *Souk-el-Tenin*, d'où les éclaireurs signalent la présence d'un camp français. C'est celui de la brigade *Cailliot*, et le général *Logerot* écrit au général *Delebecque* pour prendre ses ordres.

A *Mateur*, offre de soumission des *Boudjaouas*.

Combat contre les Meknas.

*24 mai.* — La garde du camp d'*Aïn-Draham* est confiée au 96e de la brigade *Vincendon*. Celle-ci exécute un fourrage dans la vallée de l'*Oued-el-Moula*. Mais, contrairement à ce qui s'était passé les jours précédents, cette opération donne lieu à un engagement très-vif contre de nombreux groupes de *Meknas*. Les trois compagnies de protection du 40e parviennent néammoins à contenir l'ennemi, en lui faisant éprouver quelques pertes, et à ramener le fourrage. Quatre hommes sont blessés légèrement.

La brigade *Galland* quitte *Aïn-Draham* et passant par *El-Ghemaïr*, puis prenant le chemin du *Fedj-Settara* qu'elle laisse sur sa gauche, elle vient asseoir son camp sur le versant sud du *Djebel Deglimelt*, rive gauche de l'*Oued-Zen*.

De son côté, la brigade *Cailliot* a pris, d'*El-Guemaïr*, la direction de l'Est et campe à *Faïd-el-Aïech*, sur la rive droite de la même rivière. Elle est à peu de distance de *Souk-el-Tenin* où la colonne *Logerot* fait séjour.

Contact de la division Delebecque et de la colonne Logerot.

Le général *Logerot* se rend près de M. le général *Delebecque* qui s'est porté en avant du camp de *Faïd-el-Aïech* et donne ses instructions pour la journée du 25. D'après ces ordres, le général *Logerot* doit aller prendre position aux environs du *Djebel-bou-Afia*, les généraux *Cailliot* et *Galland* suivre les hauteurs des deux rives de l'*Oued-Zen* en faisant parcourir les deux versants de la vallée, et le général *Vincendon* tenir les communications avec *Aïn-*

*Draham* et l'entrée de la plaine de *Tabarque* de façon à prolonger par la gauche le mouvement enveloppant effectué par les autres brigades.

Je me rends à *Djedeïda* où je visite le camp et les troupes du général *Bréart*; j'entre le même jour à *Béja*.

*25 mai.* — Les mouvements prescrits la veille sont exécutés par les diverses brigades.

Le général *Logerot* se rend de *Souk-el-Tenin* à *Feriou* près du *Djebel bou-Afia* ; le général *Cailliot* fait exécuter à ses troupes un large mouvement par les hauteurs de la rive droite de l'*Oued-Zen* et se rabat à peu de distance de cette rivière au marabout de *Sidi-Kouïder*.

A midi le général *Galland* est à *El-Khadouma* en face et très-près du général *Cailliot*.

Ces trois colonnes n'ont pas rencontré de résistance dans leur marche ni dans l'exploration du cours de l'*Oued-Zen*, le long duquel la colonne *Galland* a détruit un grand nombre de gourbis abandonnés.

Combats contre les Meknas.

Une petite colonne formée de deux bataillons du 88e et d'une section d'artillerie, sortie le matin même de *Tabarque*, vient se placer à la gauche de la brigade *Vincendon*, au débouché de la vallée de l'*Oued-Melah*. Elle est appuyée par l'escadron *Dalmas de Lapérouse* du 4e hussards entre le pied des montagnes et la mer. La brigade *Vincendon* occupe toute la vallée de l'*Oued-Melah* qu'elle descend en faisant éprouver des pertes sensibles à l'ennemi, à l'endroit même où celui-ci s'était déjà montré la veille.

Mais, depuis le matin, les *Meknas* s'étaient portés vers l'ouest pour chercher le salut dans la plaine. Ils essaient de forcer le passage fermé par le 88e, et l'escadron *de Lapérouse* doit exécuter plusieurs charges pour les arrêter. Désespérant alors de réussir de ce côté, ils reviennent vers l'est, mais ils sont obligés de passer sous les feux de salve et sous les obus de la brigade *Vincendon* qui leur inflige de grandes pertes. De notre côté, nous avons cinq blessés. L'ennemi fuit dans les dunes, au nord et à l'est.

La colonne sortie de *Tabarque* campe près de l'*Oued-el-Melah*, la brigade *Vincendon* à *Sidi-Asker*.

*26 mai.* — Pour compléter le succès de la veille, la brigade *Vincendon* exécute dans la plaine et les dunes une reconnaissance jusqu'à 9 kilomètres de *Sidi-Asker*. L'escadron de hussards se trouve en présence de contingents nombreux, fantassins et cavaliers ; il entretient avec eux une fusillade assez prolongée, bat en retraite par échelons et les amène peu à peu devant l'infanterie qui ouvre brusquement son feu et leur tue une trentaine d'hommes. Nous avons deux tués et deux blessés.

La brigade *Galland* reste au camp d'*El-Khadouma*.

La brigade *Cailliot* traverse l'*Oued-Zen*, franchit la chaîne de la rive gauche et vient camper à *Berzègue*, amenant avec elle une razzia de quelque importance, faite sans coup férir.

Ces trois brigades ont des communications faciles avec *Tabarque*. Le personnel et le matériel du dépôt d'évacuation de *Remel-Souk* avaient été transportés sur ce point et la *Vienne* y avait débarqué 150,000 rations. Les malades et blessés sont donc dirigés sur *Tabarque* et les brigades y prennent leurs ravitaillements.

La colonne *Logerot* séjourne à *Fériou*.

La brigade *Gaume* va de *Souk-el-Arba* à *Sidi-Zehili* pour raffermir l'ordre dans la tribu des *Kouka*.

*27 mai.* — La brigade *Cailliot*, qui a organisé une colonne volante pour fouiller et ravager le pays, n'a qu'un léger engagement avec l'ennemi dans les environs de *Sidi-Moussa*.

La brigade *Vincendon*, qui appuie ce mouvement sur la gauche, ne trouve personne devant elle.

La brigade *Galland* conserve sa position à *El-Khadouma*.

La petite colonne de sortie de *Tabarque* rejoint ce poste.

La colonne *Logerot* reste à *Fériou*.

Le général *Delebecque* ayant fait connaître que le concours de cette colonne ne lui était plus utile, j'envoie au général *Logerot* l'ordre de parcourir les tribus de l'est du pays Khoumir, de compléter leur soumission, de les empêcher de recevoir les familles ou les troupeaux des fractions qui résistaient encore, afin d'étudier, autant que possible, le territoire encore inconnu qui sépare les *Khoumirs* des *Mogods* et qui est en partie occupé par les *Nefzas*.

Tribu des Mogods.

J'avais, en effet, reçu de vous, Monsieur le Ministre, des instructions en vue d'opérations ultérieures contre les *Mogods*, sorte de confédération assez puissante qui avait fourni de nombreux contingents contre nous au combat de *Mateur*, était constamment en armes devant nos éclaireurs et nos reconnaissances autour de cette ville, excitait contre nous les populations et avait, quelques mois auparavant, pillé la cargaison du navire échoué le *Santoni*, pour le seul motif qu'il portait le pavillon français.

D'après ces instructions, trois colonnes, dirigées simultanément de l'est, du sud et de l'ouest vers le cap *Serrat*, devaient parcourir le territoire des *Mogods*, châtier cette tribu et la contraindre à la soumission. La première devait être composée des troupes disponibles du général *Bréart;* la seconde, de celles du général *Logerot;* la troisième, de la brigade *Cailliot*, dès qu'elle ne serait plus nécessaire au général *Delebecque* pour ses opérations contre les *Meknas*.

La marine avait fait plusieurs reconnaissances pour constater s'il était possible de constituer par mer un dépôt de vivres au cap *Serrat*. Cela n'ayant pas été reconnu praticable, des mesures avaient été prises pour que les trois colonnes fussent pourvues de 10 jours de vivres, temps que les opérations chez les *Mogods* ne devaient pas dépasser.

*28 mai.* — Les trois brigades de la division *Delebecque* conservent leurs emplacements et pèsent sur le pays.

La brigade Logerot se dirige vers l'est

La brigade *Logerot* se rend de *Fériou* à *Khanguet-el-Tout*.

*29 mai.* — La brigade *Vincendon* reste à *Sidi-Asker*.

La brigade *Galland* vient camper à *Berzègue*, à 1,000 mètres environ de la brigade *Cailliot*.

Celle-ci exécute, dans le bas de la vallée de l'*Oued-Zen*, une reconnaissance qui n'est pas inquiétée.

La colonne *Logerot* se porte à *Maïzila*.

Quelques chefs *Mogods* se présentent pour demander l'aman au général *Maurand*, à *Mateur*, et retournent dans la tribu, accompagnés des notables de cette ville, pour engager leurs frères à la soumission.

*30 mai.* — Les brigades *Cailliot* et *Vincendon* conservent leurs positions. La brigade *Galland* va camper sur l'*Oued-bou-Azin*. Les communications télégraphiques sont établies définitivement entre *Tabarque* et *Oum-Theboul*. Un fil relie les brigades *Cailliot* et *Vincendon* entre elles avec *Tabarque*. La colonne *Logerot* séjourne à *Maïzila* pour compléter la soumission des *Nefzas*.

*31 mai.* — Même situation des trois brigades de la division *Delebecque*. La brigade *Cailliot* reçoit le convoi de vivres nécessaires pour ses opérations vers l'est.

La colonne *Logerot* se porte à *Sidi-Karfa*, où arrive peu après elle un ravitaillement de 8 jours de vivres.

Le général *Bréart* fait ses préparatifs de départ pour *Mateur*. Les troupes qu'il doit laisser dans le voisinage de *Tunis* quitteront *Djedeïda*, où l'eau n'est pas de bonne qualité, et se porteront à *Manouba*, le jour même du départ du général pour *Mateur*.

*1er Juin.* — Un grand fourrage des brigades *Vincendon*, *Cailliot* et *Galland* devait être exécuté sur le territoire des *Ouled-Yahia* ; il est arrêté par la soumission de cette tribu.

La colonne *Logerot* fait séjour à *Sidi-Karfa*.

La brigade *Gaume* va de *Sidi-Zehili* à *Souk-el-Khemis*.

Beaucoup de cheikhs des *Mogods* demandent l'aman, à *Mateur*, au général *Maurand*.

Soumission des Khoumirs. Visite des tribus.

*2 Juin.* — Tout en conservant, depuis les combats des 25 et 26 mai, leurs positions devant le pays des *Meknas*, les brigades de la division *Delebecque* en avaient parcouru toutes les parties, soit en ouvrant des chemins, soit en poussant des reconnaissances dans les zones les plus difficiles. Chaque jour avait amené des soumissions partielles. Les *Khoumirs* renonçaient à une lutte dont ils reconnaissaient l'impuissance. La soumission des *Ouled-Yahia* achevait celle de tout le pâté montagneux de l'ouest de la Tunisie. Toutefois, la mission de la division *Delebecque* n'était pas encore tout à fait remplie. Il restait à assurer cette soumission, à la rendre effective et, dans ce but, il fallait parcourir la majeure partie des tribus, visiter les parties qui n'avaient pas été explorées et obliger les retardataires à remplir toutes les conditions de l'aman. Deux brigades de la division *Delebecque* sont chargées de cette mission. Celle du général *Vincendon* reçoit l'ordre de s'échelonner sur les crêtes qui dominent la vallée de *Tabarque*, depuis *Aïn-Draham* jusqu'à la mer ; celle du général *Galland*, de remonter dans la vallée de l'*Oued-ben-Metir*, de visiter les montagnes des *Hamdoun* et le cours de l'*Oued-el-Lil*.

La brigade *Cailliot* étant devenue ainsi disponible, les opérations projetées contre les *Mogods* pouvaient être entreprises. Mais, de ce côté aussi, la situation s'était sensiblement améliorée ; des demandes de soumission qui paraissaient sérieuses avaient été faites en assez grand nombre et il était possible d'éviter à la brigade *Cailliot* les fatigues d'un long trajet vers l'est. Je donnai donc des ordres pour que cette brigade se bornât à une simple reconnaissance vers le pays des *Mogods*, en explorant la région encore inconnue comprise entre le cours inférieur de l'*Oued-Zen* et le méridien du cap *Négro*. La présence des colonnes *Bréart* et *Logerot* était suffisante pour en finir avec les *Mogods*. Le jour même, 2 juin, la colonne *Bréart* se met en mouvement et vient camper à *Aïn-Ghelal*.

*3 Juin.* — Le général *Vincendon* gardant le gros de ses troupes à *Sidi-Asker*, dirige des détachements sur *Ouldj-Souk*, *Fedj-Settara* et *Aïn-Draham*, où le génie commence les études du réseau de routes dont le Ministre a prescrit la construction entre ce point et *Tabarque* d'une part, *El-Aïoun* d'autre part.

La brigade *Galland*, divisée en deux colonnes, va camper à *Enchir-Saga* et à *El-Khadouma*.

La brigade *Cailliot* reste sur place.

La colonne *Logerot* séjourne à *Sidi-Karfa*, où je transporte, le même jour, mon quartier-général.

La brigade *de Brem* se porte de *Skhira* à *Béja* et place son camp à deux kilomètres au nord de la ville.

La brigade *Gaume* quitte *Souk-el-Khemis* pour se rendre à trois kilomètres de *Souk-el-Tleta*, dans la vallée de l'*Oued-bou-Artma*, d'où elle peut surveiller le cours de l'*Oued-Ghezala* et donner, au besoin, la main à la brigade *Galland*, dans l'*Oued-el-Lil*.

La colonne *Bréart* arrive à *Mateur*.

*4 juin.* — Même situation et mêmes travaux pour la brigade *Vincendon* qui assure à *Berzègue* la garde du quartier-général divisionnaire par un petit détachement.

Les deux colonnes de la brigade *Galland* établissent leur camp, l'une à *Ben-Nouara* près de *Souk-el-Tenin*, où la brigade *Logerot* avait précédemment campé, la seconde à *El-Guemaïr*.

La brigade *Cailliot*, parcourant environ 19 kilomètres, se porte par de bons chemins, ouverts auparavant par la brigade *Galland*, jusqu'à l'*Oued-Zen*, traverse les belles cultures de cette vallée et vient camper à l'est du marabout de *Sidi-Moussa* à *Dar-el-Mahla*.

De ce point, elle entre le soir même en communication par la télégraphie optique avec la colonne *Logerot* qui est restée à *Sidi-Karfa*. M. le colonel *Putz*, commandant l'artillerie du corps expéditionnaire et M. le lieutenant-colonel *Perrier*, avec le personnel du service géographique et topographique, profitent du voisinage des deux colonnes pour se diriger sur le quartier général à *Sidi-Karfa*, qu'ils rejoignent le lendemain 5.

La brigade Cailliot est en communication avec la brigade Logerot

A *Mateur*, le général *Bréart* complète l'organisation de sa colonne en y adjoignant une partie des troupes stationnées sur ce point.

5 *Juin*. — Même situation pour la brigade *Vincendon*, dont le chef va visiter les postes et les travaux.

Les deux colonnes du général *Galland* se réunissent à *Ben-Metir*.

La brigade *Cailliot* se maintient au camp de *Dar-el-Mahla*, mais fait exécuter deux reconnaissances importantes au point de vue topographique, l'une à l'embouchure de l'*Oued-Zen*, dans la mer, au milieu des dunes et des sables mouvants, l'autre dans la direction du cap *Negro* qui découvre à *Fedj-Rechedet-Sekker*, à deux kilomètres de la mer, près du marabout de *Sidi-Blel*, des ruines romaines importantes, des vestiges de voie romaine ; des traces de môle et de port sont relevées au pied du col.

Le quartier-général du corps et la colonne *Logerot* vont camper à *Sidi-bou-Dra*.

La colonne *Bréart*, laissant à *Mateur* une garnison suffisante, se porte à *Sidi-Fatalla*. Les cheikhs des *Mogods*, qui se présentent pour faire leur soumission, sont renvoyés au camp que je dois occuper le lendemain et où je veux les réunir tous.

6 *juin*. — Le général *Galland*, avec une partie de sa brigade, reste à *Ben-Metir* ; l'autre partie gagne *Sidi-Abdallah-bou-Djemel* par le défilé d'*El-Meridj*. Nulle part nos troupes ne trouvent d'obstacles ; les populations ont repris leurs emplacements accoutumés et remplissent

peu à peu les conditions de soumission qu'elles ont acceptées.

La brigade *Cailliot* se rend de *Dra-el-Mahla* à *Budmar* où elle campe à proximité de *Fedj-Rechedet-Sekker* et de nombreux gourbis des *Ouchtetas*.

La colonne *Logerot* et le quartier général se portent à *Enchir-Skira*. Je reçois les cheikhs des *Mogods* et je les avise qu'en sus des conditions imposées comme garantie de leur soumission, ils sont tenus de payer, conjointement avec leurs voisins, les *Hadbils* et les *Bedjaouas* une somme de 50,000 francs, indemnité fixée par les Ministres des Affaires Etrangères et de la Marine en faveur des propriétaires du navire échoué, le *Santoni*, dont ils ont pillé la cargaison près de l'îlot des *Deux-Frères*.

La colonne *Bréart* séjourne à *Sidi-Fatalla*.

*7 juin*. — Pas de modification dans l'emplacement de la brigade *Vincendon*.

Une des colonnes *Galland* reste à *Ben-Metir*, l'autre monte à *Aïn-Draham*.

Le général *Cailliot* séjourne à *Budmar* et envoie à l'est et à l'ouest de son camp, jusqu'à une dizaine de kilomètres, deux reconnaissances avec des officiers de la brigade topographique.

Le général *Logerot* exécute en avant de son camp d'*Enchir-Skira* avec une colonne légère une pointe sur le pays des *Mogods* et la vallée de l'*Oued-Cedjenan*.

Les colonnes Bréart et Logerot en communication chez les Mogods.

La colonne *Bréart* vient s'installer dans cette même vallée, à *Souk-el-Djema*, à 10 kilomètres seulement du camp du général *Logerot*.

*8 juin*. — Comme je l'ai déjà mentionné, Monsieur le Ministre, vous aviez prescrit d'ouvrir sans délai, entre *Aïn-Draham* et *Tabarque*, une bonne voie qui devait être rendue carrossable. Les études de cette route étaient achevées et les travaux commencés sur la plus grande partie de son parcours l'avaient déjà rendue très praticable aux convois. — Le gros de la brigade *Vincendon* vient camper à *Ksar-Toutia*, où les troupes sont mieux placées pour utiliser le complément d'outils que la *Vienne* débarque à *Tabarque*.

La brigade *Galland* se réunit et campe un peu au nord d'*El-Guemaïr*.

La présence du général *Cailliot* dans l'est ayant produit l'effet attendu, sa colonne revient à *Dra-el-Mahla*.

Celles des généraux *Logerot* et *Bréart* parcourent et reconnaissent le pays des *Mogods* par des colonnes légères, sans aucune difficulté. Je vais visiter les troupes du général *Bréart*.

*9 Juin.* — Les colonnes conservent les mêmes emplacements et se livrent aux mêmes travaux, à l'exception de la brigade *Cailliot* qui campe à *Berzègue*.

*10 Juin.* — Cependant la soumission des *Khoumirs* s'affirmait chaque jour ; celle des *Mogods* était certaine, malgré les lenteurs qu'ils apportaient à remplir les conditions imposées, lenteurs explicables par la grande étendue du territoire et le nombre trop considérable des cheikhs sur lesquels il fallait agir. A *Bizerte*, à *Mateur*, à *Djedeïda*, au *Kef*, à *Béja*, comme dans toute la région que nous avions parcourue, le calme était complet.

Instructions en prévision de la dislocation du corps expéditionnaire et de l'occupation de points en Tunisie.

En prévision de cette situation, vous m'aviez donné des ordres :

1° Pour réduire successivement l'effectif du corps expéditionnaire par le rapatriement d'une partie des troupes venues de France et par le renvoi de celles d'Algérie dans les divisions qui les avaient fournies ;

2° Pour constituer les garnisons des points de la Tunisie dont vous aviez décidé l'occupation.

D'après ces ordres, la brigade *Vincendon*, moins un régiment, devait s'embarquer le 15 juin à *Tabarque* ; les brigades *Cailliot* et *Galland*, les colonnes *Logerot* et

*Bréart* devaient avoir quitté le théâtre des opérations dans la seconde quinzaine de juin, ne laissant en Tunisie que les troupes d'occupation.

Celles-ci comprenaient 15 bataillons d'infanterie, trois compagnies du génie (nombre porté plus tard à quatre), deux régiments de cavalerie à 3 escadrons, un escadron de spahis et cinq batteries d'artillerie, plus deux sections.

Les bataillons d'infanterie devaient être portés à 600 hommes environ ; l'état-major de chaque régiment rentrant en France avec les libérables, les engagés conditionnels, les hommes de la 2e portion et les malingres seulement.

Les points à occuper étaient *Bizerte*, *Mateur*, *Béja*, *Manouba*, sous les ordres du général *Maurand* ; *Tabarque*, *Aïn-Draham*, *Fernana*, *Ghardimaou*, *le Kef*, sous les ordres du général *Cailliot*.

L'exécution de vos ordres entraînait la dislocation du corps expéditionnaire. Elle commença le 10 juin. Mais avant d'en donner l'exposé, je dois terminer par celui des opérations militaires.

Le 10 juin, même situation pour les brigades de la division *Delebecque*.

Deux bataillons du 2e tirailleurs sont dirigés de la colonne *Logerot* sur *Bizerte* pour s'y embarquer, tandis que le reste de cette colonne quitte *Enchir-Skira* pour se rendre à *Sidi-Mansour*.

La colonne *Bréart* reste à *Souk-el-Djema* avec mission de peser sur les *Mogods* le temps nécessaire pour les contraindre à tenir leurs engagements. Elle bat le pays en tout sens.

*11 juin*. — En prévision du prochain départ de la brigade *Vincendon* qu'elle doit relever prochainement sur la route d'*Aïn-Draham* à *Tabarque*, la brigade *Cailliot* se porte de *Berzègue* à *Laghaf* sur la rive gauche de l'*Oued-el-Moulah*.

Les brigades *Vincendon* et *Galland* continuent leurs travaux.

La colonne *Logerot* suit comme la veille une zone peu connue, et vient rejoindre le chemin de *Mateur* à *Béja* au marabout de *Sidi-ben-Hadirech* où elle campe.

La brigade *Bréart* est à *Souk-el-Djema*.

*12 juin*. — La brigade *Vincendon* termine dans la soirée le chemin d'*Aïn-Draham* à *Tabarque*. Ce chemin est bon ; quelques ponceaux seulement restent à construire sur les ravins.

Le général *Delebecque* porte son quartier général à *Hamel-es-Slama* sur la rive droite de l'*Oued-Tabarque*, d'où il est en communication télégraphique avec le général *Vincendon*, *Tabarque* et *Aïn-Draham*.

Les brigades *Cailliot* et *Galland* conservent leurs emplacements.

La colonne *Logerot* et le quartier général du corps expéditionnaire arrivent à *Béja* et campent à 1,500 mètres au sud de la ville.

Rentrée de la colonne Logerot à Béja.

La colonne *Bréart* exécute chez les *Mogods* retardataires plusieurs fourrages et une razzia dont la vente complètera la somme à payer par cette tribu. Tout est tranquille et soumis autour d'elle.

*13 juin*. — La brigade *Vincendon* fait la remise de ses outils à la brigade *Cailliot* qui lève son camp et se porte dans la direction d'*Aïn-Draham* à *Oum-el-Houcher*. Cette dernière reçoit l'ordre de mettre en route sur *Tabarque* dès le lendemain à la première heure les deux bataillons du 1^er^ tirailleurs dont l'embarquement pour *Alger* est très prochain.

La colonne *Logerot* séjourne à *Béja*.

La colonne *Bréart* quitte son camp de *Souk-el-Djema* et se rend à *Sidi-Fatalla*.

*14 juin*. — Le bataillon de chasseurs et deux régiments de la brigade *Vincendon* avec 180 mulets du train partent de *Ksar-Toutia* pour *Tabarque* et commencent le jour même leur embarquement.

La brigade *Cailliot* se porte à *Aïn-Draham* moins les deux bataillons du 1er tirailleurs qui sont envoyés à *Tabarque*.

Rentrée de la colonne Bréart à Mateur.

La colonne *Logerot* est à *Béja*; la colonne *Bréart* est à *Mateur*.

Départ de la brigade Vincendon.

*15 juin.* — Le général *Vincendon* achève l'embarquement des troupes de sa brigade venues avec lui la veille à *Tabarque*. Il prend la mer avec elles. La brigade *Vincendon* est dissoute.

La brigade *Cailliot* s'échelonne d'*Aïn-Draham* à *El-Meridj* pour travailler à la route de *Fernana*.

L'ordre arrive de rapprocher de *Tabarque* pour y être embarqué le bataillon du 2e zouaves.

La brigade *Galland* continue ses utiles travaux des jours précédents d'*El-Guemaïr* à *Ben-Metir*, *à Fedj-Settara*, à *Tabarque*.

La première batterie du 7e d'artillerie doit aller s'embarquer à *Tabarque* avec le 2e zouaves.

Les colonnes *Logerot* et *Bréart* restent à *Béja* et *Mateur*.

Préparatifs pour la dislocation.

*16 juin.* — Toutes les brigades ont reçu des ordres pour la dislocation et préparent les détails de cette délicate opération.

Colonne composée de troupes d'Afrique organisée pour visiter plusieurs tribus frontières sous les ordres du général Logerot

Mais quelques tribus de la frontière restaient encore à parcourir ou à châtier; c'étaient, outre de petites fractions des *Cheaïa* et des *Beni-Nazen*, les *Ouled-Ali-M'fodda*, les *M'rassen* et les *Ouchtetas*.

Cette mission est confiée au général *Logerot* qui doit, avec quatre bataillons des 1er et 3e zouaves, une batterie, un peloton du génie, un escadron de chasseurs et un goum, visiter la région montagneuse occupée par ces populations, tandis que la brigade *Gaume*, renforcée d'un bataillon d'infanterie doit tenir les débouchés donnant accès sur la rive gauche de la *Medjerda*.

*17 juin.* — Le général *Logerot* quitte *Béja* avec les forces indiquées ci-dessus, moins deux bataillons qu'il recevra à *Fernana*. Il va camper à *Djerit*.

*18 juin.* — Les troupes de la brigade *de Brem* disponibles après la dislocation de cette brigade et non affectées à la garnison de *Béja*, vont rejoindre à *Sidi-Zehili* la brigade *Gaume*. Le quartier-général marche avec ces troupes jusqu'à *Ghardimahou*. Il est à *Righa*.

*19 juin.* — Le général *Logerot* se porte à *Telet-Sidi-Salah*, à 2 kilomètres de *Fernana*, et y est rejoint par deux bataillons du 3e zouaves. Chemin faisant il rase un douar des *Chiaïa* dans lequel on a trouvé de la poudre et des armes.

La brigade *Gaume* se rend à *Ben-Bechir*.

*20 juin.* — La colonne *Logerot* va camper à *Ouladj-Abderrahim*, chez les *Khezara*; la brigade *Gaume* à *Souk-el-Arba*, où elle est rejointe par un bataillon du 1er tirailleurs et deux batteries d'artillerie provenant de la dislocation des brigades de la division *Delebecque*.

*21 juin.* — Séjour pour la colonne *Logerot*. Une colonne légère se porte en reconnaissance chez les *Oulad-Ali-M'Jodda*.

*22 juin.* — Séjour pour la brigade *Gaume*.

Le général *Logerot* se transporte à *El-Aouch*, sur le territoire des *Fezoua*, dont les cheikhs viennent faire acte de soumission à l'exception des *Redraïdia*.

Séjour pour la brigade *Gaume* et continuation du service de surveillance de tous les débouchés de la rive gauche de la *Medjerda*.

*23 juin.* — Une colonne légère et le goum conduits par le général *Logerot* exécutent sur les *Redraïdia* une importante razzia. Tous les *Ouled-Ali-M'Jodda* sont soumis.

La brigade *Gaume* se porte à l'*Oued-Melis*.

*24 juin.* — Le général *Logerot* quitte *El-Aouch* et vient camper à *Zahroura*, chez les *M'rassen*, qui remplissent le jour même les conditions de l'aman.

La brigade *Gaume* est à *Ghardimahou* où elle reste jusqu'au 26, date de la dislocation définitive.

*25 juin.* — La colonne *Logerot* se rend à *Ouldjat-el-Djemel* point voisin du pays des *Ouchtetas*. Quelques cheiks de cette tribu se présentent au Général qui leur fait connaître qu'il les recevra tous réunis lorsqu'il sera sur leur territoire.

*26 juin.* — La colonne *Logerot* pénètre chez les *Ouchtetas* et s'installe à *Sriia*, point important d'où l'on peut rayonner facilement dans toutes les directions sur la zone encore insoumise.

De toutes les tribus de la frontière les *Ouchtetas* formaient certainement celle dont les déprédations, les attaques et l'attitude toujours hostile contre nous, réclamait plus particulièrement une répression sévère. Les *Ouchtetas* cependant n'étaient pas nombreux; ils comptaient à peine 300 fusils, mais ils étaient forts par l'audace, par les relations qu'ils entretenaient avec les bandits de l'Algérie, par le refuge que leurs montagnes donnaient toujours à tous les malfaiteurs. Leur situation topographique, à proximité des massifs boisés des *Beni-Salah*, favorisait les entreprises qu'ils poussaient au loin et se partageaient les dépouilles de nos colons et de nos indigènes, en se riant de la longanimité avec laquelle nous avions toujours respecté leur territoire comme celui d'un pays ami de la France.

Le moment était venu pour eux d'expier un passé de brigandages.

A l'arrivée du général *Logerot*, tous les cheikhs se présentent à lui à *Sriia*, acceptant les dures conditions qui leur sont imposées. Mais on ne tarde pas à apprendre qu'ils cherchent, en même temps, à faire filer une grande partie de leurs troupeaux dans les ravins les plus difficiles de la montagne. Le goum et l'escadron du 3e chasseurs d'Afrique sont lancés aussitôt et comme tous les débouchés du haut et du bas de la vallée sont gardés de façon à enserrer la tribu, une razzia importante ne tarde pas à être ramené au camp.

*27 juin.* — Les cheiks des *Ouchtetas* ne se représentent plus. Ils sont dans la montagne. Le goum, qui conduit à *Souk-Ahras*, pour y être vendus, les troupeaux razzés la veille, est attaqué sans succès. L'escadron de chasseurs envoyé pour l'appuyer jusqu'à la frontière, ramène un certain nombre de prisonniers pris les armes à la main.

*28 juin.* — Une colonne légère est mise en mouvement pour détruire le dernier foyer de résistance; les goums du caïdat de *Bou-Hadjar*, des *M'rassen*, de la *Rakba* et des *Ouled-Diah* sont en même temps lancés; tous les ravins, tous les plis de terrain sont visités; les gourbis sont détruits, le bétail enlevé. Dans l'après-midi, 550 hommes, femmes ou enfants, sont amenés au camp de *Sriïa*.

*29 juin.* — D'après les renseignements recueillis, la ruine des *Ouchtetas* est complète. La colonne *Logerot* a promptement et heureusement rempli sa mission. Elle laisse sur place les femmes, enfants et gens signalés comme n'étant pas dangereux. 152 prisonniers *Ouchtetas* ou réfugiés d'autres tribus sont dirigés sur *Souk-Ahras*, où la colonne arrive le 3 juillet.

Les opérations du corps expéditionnaire de Tunisie, dont vous m'aviez confié la direction, étaient terminées.

Je n'ai pas cru devoir joindre à cet exposé, déjà trop long, celui des mouvements des convois de ravitaillement et d'évacuation de blessés ou de malades. Bien que ces mouvements aient été forcément nombreux et difficiles, ils se sont opérés sans aucun incident fâcheux, sous la protection d'escortes suffisantes ou des colonnes elles-mêmes.

## Services divers

La direction des différents services administratifs a été bonne ; leur marche a été très satisfaisante en général. Malgré les difficultés résultant des distances, des circonstances atmosphériques, de la nécessité de changer parfois la base des ravitaillements, aucun mécompte sensible ne s'est produit ; aucune entrave n'a été apportée à l'exécution des opérations.

Subsistances

Chacun s'est conformé à vos prescriptions de ne rien négliger dans l'intérêt du bien-être des troupes. Leur subsistance a été assurée toujours et partout dans de très bonnes conditions. La viande a été de très bonne qualité. Si le pain a laissé parfois à désirer parce qu'il a été forcément soumis à l'action des pluies ou du soleil, il a toujours été remplacé, dans les distributions, par du biscuit d'*excellente qualité*. Les conserves de viande ont été pour tous une utile et bonne ressource dont le soldat apprécie l'emploi.

Ambulances

Les ambulances de *Souk-Ahras*, de *Ghardimahou*, de *Tabarque*, de *Bizerte* et de *La Goulette (cette dernière installée dans l'arsenal du Beylik Tunisien)* ont permis de donner aux blessés et aux malades les soins nécessaires avant leur évacuation sur les hôpitaux de l'intérieur de l'Algérie appropriés pour les recevoir. Grâce à la sollicitude des chefs et des médecins de corps, grâce au zèle dévoué du personnel des ambulances et des hôpitaux, l'état sanitaire des troupes s'est maintenu, d'après la déclaration du médecin en chef du corps expéditionnaire, dans un état satisfaisant jusqu'à la fin des opérations.

Transports

Le service des transports a utilisé, dans une large mesure, la voie ferrée qui dessert la vallée de la *Medjerda*. Néanmoins, un grand nombre de mulets du train des équipages ou requis dans les tribus a dû être affecté à cet important service. Le train des équipages a donné de nouvelles preuves de son zèle à accomplir ses devoirs. Quant aux convoyeurs indigènes, ils ont montré, en général, de la soumission aux ordres donnés et une grande résignation au milieu des fatigues qui résultaient pour eux surtout du mauvais temps. Quelques-uns ont tenté de s'enfuir avec leurs bêtes ; mais ces tentatives ont pris fin quand, sur ma proposition, M. le Gouverneur général de l'Algérie a bien voulu accorder une légère exemption d'impôt à tous ceux qui auraient entièrement accompli le service pour lequel ils avaient été requis. Plus de 8,000 indigènes, venus des cercles ou des communes mixtes et civiles les plus voisins de la frontière, ont ainsi aidé à nos transports. Nombre d'entre eux, qu'il n'a pas été possible de remplacer, ont marché pendant près de trois mois avec les colonnes.

Télégraphie militaire.

Un service télégraphique militaire a été donné au corps expéditionnaire de Tunisie. Il comprenait une section légère de télégraphie de campagne et la 19e section de télégraphie militaire. Je ne puis que donner des éloges à l'activité et à l'énergie qu'a montrées le personnel de ces sections.

Il résulte, à mes yeux, des travaux exécutés :

1° Que la pose d'un fil militaire à la suite d'une colonne d'opérations dans un pays comme l'Algérie ou la Tunisie est une opération des plus précaires parce que des causes multiples de rupture se produisent et se renouvellent, quels que soient les soins apportés au travail, quelle que soit la surveillance exercée pour la conservation du fil, une fois posé ;

2° Que le fil militaire est, au contraire, une ressource précieuse pour communiquer à petites distances quand les colonnes sont stationnaires ;

3° Que la télégraphie optique a rendu et est appelée à rendre de grands services à la guerre pour les colonnes en marche ou en action. L'appareil est de la plus grande simplicité, d'un transport facile et il faut des circonstances tout à fait défavorables pour arrêter son fonctionnement entre deux points visibles l'un de l'autre.

Je crois que ce système pourrait être utilement employé dans le sud, où les horizons ont une si vaste étendue.

Topographie et géodésie.

De nombreuses brigades des services topographique et géographique ont suivi les colonnes et exécuté le levé presque complet des parties du territoire de la Régence encore inconnues ou non reproduites sur les cartes les plus récentes. Les officiers chargés de ces utiles travaux n'ont rien épargné pour recueillir des plans, des croquis ou renseignements propres à bien faire connaître le pays. Les reconnaissances multiples exécutées par toutes les brigades, la marche tracée à certaines colonnes, de préférence à travers des zones inexplorées jusqu'alors, ont permis d'éclairer toutes les obscurités et de rectifier toutes les erreurs qui régnaient sur la topographie du nord de la Tunisie.

Chemins de fer

Déjà, en 1879, lors de l'expédition de l'*Aurès*, les chemins de fer avaient été d'un utile emploi pour la réunion rapide de nos troupes.

Durant la campagne de Tunisie, ils nous ont donné des ressources précieuses, tant pour la concentration que pendant les opérations et la période de dislocation et de rapatriement, et je n'ai eu qu'à me féliciter du bon et empressé vouloir des Compagnies *Paris-Lyon-Méditerranée*, *Est-Algérien* et *Bône-Guelma*. L'embranchement de cette dernière sur *Tunis*, entre *Duvivier* et *Souk-Ahras* d'une part, et d'autre part entre *Ghardimahou* et *Tunis*, nous a été particulièrement utile. Il est bien à désirer, toutefois, que le tronçon dont les études sont terminées entre *Souk-Ahras* et *Ghardimahou* soit promptement construit.

Marine

En vous rendant compte de la marche des divers services, je ne saurais manquer de vous signaler, Monsieur le Ministre, le concours dévoué que MM. les officiers de la Marine nationale et équipages sous leurs ordres ont donné sans cesse à la bonne marche des opérations du corps expéditionnaire de la Tunisie.

Soit qu'il ait fallu, comme à *Tabarque*, opérer un débarquement plein de périls, en raison de l'état de la mer et de la nature de la côte, soit qu'il ait fallu faire de *Bizerte* à *Tabarque* et notamment au cap *Serrat* des reconnaissances dangereuses, soit qu'il y ait eu à amener ou à rapatrier des troupes, soit, enfin, dans le service des ravitaillements ou de transport de malades et blessés, les commandants, officiers et marins ont dignement accompli leur tâche et secondé l'action de nos colonnes.

Unissant ainsi leurs efforts, les troupes de terre et de mer ont affirmé de nouveau leur dévouement au pays et les sentiments d'étroite confraternité qui les animent.

Je vous serai reconnaissant de vouloir bien faire connaître à M. le Ministre de la Marine les bons services rendus au corps expéditionnaire, pendant toute la campagne, par la Marine nationale et particulièrement par les officiers et équipages des navires *Surveillante*, *Tourville*, *Européen*, *Vienne*, *Dryade*, *Corrèze* et des canonnières *Chacal*, *Hyène*, *Léopard* et *Pique*, que des relations de service plus répétées nous ont mis à même d'apprécier plus spécialement.

---

## Période de dislocation et de rapatriement

J'ai déjà fait connaitre plus haut qu'une partie des troupes venues de France pour l'expédition devaient rester en Tunisie et y constituer les garnisons de neuf places. Les bataillons désignés à cet effet devaient avoir un effectif renforcé par des hommes tirés des bataillons rentrant en France avec l'état-major de chaque régiment ; les batteries d'artillerie affectées au corps d'occupation devaient être mises, en hommes et en animaux, sur le même pied que les batteries détachées en Algérie. L'application de ces mesures a forcément éprouvé certaines lenteurs dans les corps dont les bataillons étaient séparés.

D'autre part, les nécessités du service ont obligé à faire devancer par quelques corps le moment de la dislocation générale.

Mais ces devancements ou retards forcés de la dislocation n'ont fait que favoriser les opérations de rapatriement en permettant d'échelonner les troupes sur les routes et les moyens de transport dans les ports.

---

## Colonne Logerot

La colonne *Logerot*, par laquelle a commencé, le 10 juin, la dislocation du corps d'armée, comprenait les brigades *Logerot*, *de Brem* et *Gaume*.

La brigade *Logerot* mettait en route pour *Bizerte*, le 10 juin, du camp d'*Enchir-Skira*, ses deux bataillons du 2e tirailleurs qui s'embarquaient, le 13, pour *Oran*.

Le 17 juin, le bataillon du 4e de zouaves montait en chemin de fer à *Béja*, arrivait le soir à *Ghardimahou*, était le 20 à *Souk-Ahras* et le 21, par la voie ferrée, à *Bône*, lieu de son embarquement.

Les deux bataillons du 1er zouaves faisaient encore partie de la brigade, lors de sa dissolution le 3 juillet à *Souk-Ahras*. Ils en partaient, le 6, par voie ferrée et arrivaient, le même soir, à *Bône*, où ils étaient embarqués le 8.

Des deux bataillons du 83e qui avaient été distraits de la brigade *de Brem* pour faire partie de la brigade *Logerot*, l'un reste au *Kef* où il reçoit son renfort, l'autre, qui avait formé la garnison de *Béja*, part de ce point, le 18 juin, rejoint la brigade *Gaume*, marche avec elle jusqu'à

*Ghardimahou*, est le 28 à *Souk-Ahras* d'où il prend le chemin de fer les 30 juin et 1er juillet, pour aller à *Bône*.

La compagnie du génie 18/2 qui a déjà une section à la brigade *de Brem* laisse, le 19 juin, à *Fernana* une seconde section destinée à ce poste ; le peloton restant quitte la colonne, le 29 juin, pour aller à *Ghardimahou*, sa garnison.

Quant aux batteries d'artillerie, la 12e du 16e et la 8e du 38e quittent la brigade le 17, partent le 18 de *Béja* pour rejoindre la brigade *Gaume*, marchent avec elle jusqu'à *Ghardimahou*, arrivent à *Souk-Ahras* le 27, et en partent le 27 en chemin de fer pour *Bône*, lieu de leur embarquement pour France. La 3e batterie du 30e (2 sections et 1 section de la 2e du 28e) marche avec la colonne *Logerot* jusqu'à sa dissolution, le 3 juillet, à *Souk-Ahras*. Elle est transportée le 6 juillet par le chemin de fer à *Bône* où elle s'embarque pour *Alger* le 13.

La 2e batterie du 38e (montée de 90) reste au *Kef* (A).

Les dépôts de munitions de *Ghardimahou* et de *Sidi-Youssef*, après avoir constitué les réserves de munitions des postes du *Kef*, *Ghardimahou*, *Fernana* et *Béja*, sont évacués avec leur personnel, le premier par chemin de fer sur *La Goulette* et *Bône*, le second sur *Souk-Ahras* d'où il doit être ultérieurement dirigé sur *Bône* ainsi que la section de munitions tirée de la 2e batterie du 6e.

Enfin les services administratifs sont licenciés, le 3, à *Souk-Ahras*.

La brigade *de Brem* avait cinq bataillons seulement. Le 27e bataillon de chasseurs quitte *Béja* le 18, monte en chemin de fer à *Béja*-gare le même jour, et arrive le soir à *Manouba*, sa garnison.

Le 142e laisse à *Béja* le bataillon renforcé qui doit y tenir garnison ; l'état-major et le bataillon, rentrant en France, rejoignent, le 18 juin, la brigade *Gaume*, arrivent avec elle, le 24, à *Ghardimahou*, gagnent *Souk-Ahras* le 28 et sont à *Bône* le 1er juillet.

---

(A) Cette batterie fut plus tard relevée au Kef et dirigée sur Bône à destination de France. La 3e du 26e après avoir été changer à Bône son matériel de 90 pour du matériel de 80, alla la remplacer au Kef.

Le 122e avait un bataillon au *Kef*, appelé à rester dans cette place et son second bataillon à *Ghardimahou*. Celui-ci dirige le 25 de *Ghardimahou* sur le *Kef* le renfort nécessaire au bataillon restant et part le même jour pour *Souk-Ahras*. Il y arrive le 27 et est à *Bône* le 30.

La section de la compagnie 18/2 du Génie qui a rejoint le 18 la brigade *Gaume* quitte *Ghardimahou* le 25 avec le renfort du 122e et se rend au *Kef*.

La 3e batterie du 26e (montée de 90), qui marche depuis le 18 avec la brigade *Gaume*, arrive le 24 à *Ghardimahou*, en part le même soir, gagne, le 26, *Souk-Arhas*, et le 28, *Bône*, où elle échange son matériel avant d'aller au *Kef* relever la 2e du 38e.

Les services avaient été licenciés et la brigade dissoute le 16 juin.

La brigade *Gaume* commence sa dislocation le 16 juin.

Le 11e hussards dirige, le 16, deux de ses escadrons, l'un sur *Mateur*, l'autre sur *Manouba* ; ils y arrivent, le 19, par étapes. Un escadron et l'état-major sont à *Béja*, où ils doivent tenir garnison comme les deux premiers à *Mateur* et à *Manouba*.

Le 7e chasseurs part de *Ghardimahou* les 24, 25 et 26 et se rend à *Souk-Ahras*, où il doit stationner jusqu'à nouvel ordre. Il y est rejoint, le 28, par son détachement du *Kef*.

Le 13e chasseurs envoie de *Souk-el-Arba*, le 22, son état-major et un escadron au *Kef*, où ils doivent rester en garnison. Le 23, il dirige un escadron sur *Fernana*. Le 3e escadron du régiment continue la marche sur *Ghardimahou*, son point de station.

Le 3e chasseurs d'Afrique avait son état-major et deux escadrons, le 24 juin, à *Ghardimahou* avec la brigade *Gaume*. Ils quittent ce point le 27, arrivent à *Souk-Ahras* le 28. L'état-major et un escadron partent, le 30, pour rentrer à *Constantine* par étapes.

Le 2e escadron prend, le 25 juillet, avec une petite colonne, le chemin de *Souk-Ahras* à *Tébessa*, où il doit arriver en cinq jours pour en renforcer la garnison.

Le 3e escadron, arrivé à *Souk-Ahras*, le 3 juillet, avec la colonne *Logerot*, part le 5, par étapes, pour *Constantine*, où il arrive le 11.

L'état-major de la brigade est dissout le 26 juin.

---

## Colonne Delebecque

La colonne *Delebecque* comprenait les brigades *Vincendon*, *Cailliot* et *Galland*.

Par ordre du Ministre, l'état-major, le 7e bataillon de chasseurs à pied, le 40e et le 141e de la brigade *Vincendon* se rendent de *Ksar-Toutia* à *Tabarque*, le 14 juin, y commencent, le même jour, leur embarquement et prennent la mer le 15.

Le 96e de la même brigade est rattaché à la brigade *Cailliot*. Il va camper avec cette brigade, le 15, à *Aïn-Draham*.

La compagnie 16/3 du génie qui avait tracé le chemin d'*Aïn-Draham* à *Tabarque* et pris une part très active aux travaux exécutés sur ce chemin reste à *Aïn-Draham*, sa garnison.

La 8e batterie du 5e et la 8e du 6e d'artillerie prennent, le 15, la voie de terre pour se rendre en cinq jours, par *La Calle*, à *Bône*, où elles s'embarquent pour France, le 29. L'échelon de munitions les suit et rejoint à *La Calle* la section de munitions tirée de la 13e du 2e. Avec ces batteries partent aussi les divers services, moins l'ambulance et le personnel administratif qui sont provisoirement maintenus à *Tabarque*.

La brigade *Cailliot* est uniquement formée de troupes d'Afrique.

Le bataillon du 2e zouaves reçoit, le 15, l'ordre de se rendre à *Tabarque* avec la 1re batterie du 7e d'artillerie et de s'y tenir prêt à embarquer pour *Oran*. Il se rend à *Ksar-Toutia*, y séjourne le 17 et s'embarque le 18.

Les deux bataillons du 3e de zouaves partent le 18 d'*Aïn-Draham*, sont à *Fernana* le 19, y entrent dans la colonne *Logerot*, arrivent avec elle le 3 juillet, à *Souk-Ahras*. Un de ces bataillons part le 5 pour *Tébessa* où il doit tenir garnison ; l'autre part de *Souk-Ahras* par le chemin de fer, le 8, pour revenir à *Constantine*.

Les deux bataillons du 1er tirailleurs ont reçu le 13 l'ordre d'aller attendre à *Tabarque* leur embarquement. Ils y arrivent le 14 et partent le 17 sur *la Guerrière*.

Le bataillon du 3e tirailleurs suit jusqu'à *Fernana* le mouvement du 3e zouaves. Il rejoint la brigade *Gaume* à *Souk-el-Arba* le 20, est le 24 à *Ghardimahou*, le 28 à *Souk-Ahras*, d'où il rentre à *Sétif* par la voie ferrée le 11.

Le 96e qui a été rattaché à la brigade *Cailliot* après le départ du général *Vincendon*, forme son bataillon d'occupation qui part, le 18, avec les tirailleurs pour *Souk-Ahras* et arrive le 24 à *Ghardimahou* sa garnison. L'état-major et le second bataillon sont le 18 à *Ksar-Toutia*, attendant leur embarquement qui a lieu le 25.

La compagnie 12/3 du génie marche avec le bataillon du 3e tirailleurs depuis *Aïn-Draham* jusqu'à *Souk-Ahras* où elle laisse un détachement avant de se rendre le 6 par voie ferrée à *Constantine* sa destination.

La 2e batterie du 16e régiment et les deux sections de 4 de montagne de la 2e du 1er suivent le même itinéraire en partant le 18 d'*Aïn-Draham* et arrivent à *Souk-Ahras* le 28. Une section de la 2e batterie du 1er en part le 5 pour *Tébessa* avec les zouaves et les chasseurs. L'autre section de la même batterie part le 2 pour *Constantine* par voie ferrée.

La 2e batterie du 16e prend le chemin de fer à *Souk-Ahras* les 1er et 3 juillet et arrive à *Constantine* les 1er, 3 et 4. L'échelon de munitions rejoignait à *La Calle* sa section de munitions tirée de la 10e batterie du 36e après avoir déposé ses approvisionnements à *Aïn-Draham*.

Les services administratifs et l'ambulance sont maintenus à *Aïn-Draham*, par ordre du Ministre.

Le général *Cailliot*, après la dislocation complète de sa brigade, reste à *Aïn-Draham*, siège de son commandement.

La brigade *Galland* dirige, le 17, d'*El-Guemaïr* sur *Aïn-Draham*, sa garnison, le 29e bataillon de chasseurs à pied. Les bataillons d'occupation des 18e et 22e sont mis en route le 18 pour *Aïn-Draham*, leur garnison. Le bataillon d'occupation du 57e part également le 18 pour *Béja* sa garnison où il arrive le 22.

Les états-majors et les bataillons rentrant en France, des 18e, 22e et 57e, arrivent le 18 à *Ksar-Toutia* où ils attendent leur embarquement qui a lieu le 25 pour le 22e, le 26 pour les 18e et 57e.

La compagnie 15/2 du génie est maintenue jusqu'à nouvel ordre à *Tabarque*.

La 1re batterie du 7e d'artillerie part d'*El-Guemaïr* le 16 pour *Tabarque* où elle est embarquée le 18 à destination d'*Oran*.

La 13e batterie du 16e désignée pour la garnison d'*Aïn-Draham* se rend le 18 sur ce point.

Les services administratifs et l'ambulance rejoignent la brigade *Gaume* à *Souk-el-Arba* pour servir à l'organisation des services de divers points occupés.

Le 18, la brigade est complètement dissoute ; le général *Galland* s'embarque, le 19, à *Tabarque*.

La division *Delebecque*, en raison de la nature du pays où elle devait opérer, n'avait que peu de cavalerie.

L'escadron mixte du 3e spahis, destiné à la garnison d'*Aïn-Draham*, se rendait sur ce point, le 19 juin.

Le même jour, l'escadron 1/2 du 4e hussards prenait le chemin de *Bône* par *La Calle*.

Ainsi, le 19, la dislocation de la division était achevée. Le général *Delebecque* prenait, en passant par *Souk-el-Arba*, la voie ferrée de *Tunis*, où il s'embarquait pour France.

---

## Colonne de Tabarque

D'après les ordres du Ministre, les services administratifs et les troupes de diverses armes du corps d'occupation de *Tabarque* doivent rester sur ce point, après la dislocation du corps expéditionnaire, à l'exception du 88e de ligne, dont un bataillon est appelé à rester en Tunisie et l'autre désigné pour rentrer en France avec l'état-major.

Le 18, le bataillon d'occupation part de *Tabarque* et arrive, le 19, à *Fernana*, point où il doit tenir garnison.

Le 19, le second bataillon et l'état-major sont prêts pour leur embarquement qui a lieu à *Tabarque* le 26 juin.

---

## Colonne Bréart

La colonne *Bréart* commençait sa dislocation le 16.

Le bataillon du 30e est déjà sur place à *Mateur* où il doit rester en garnison.

Le bataillon qui est à *Mateur*, se rend à *Bizerte* où le régiment se trouve réuni le 24 et forme le bataillon d'occupation destiné à faire partie de la garnison de cette place. L'état-major et le second bataillon s'embarquent le 25.

Le 38e, réuni à *Mateur*, arrive le 24 à *Bizerte*, y laisse un bataillon d'occupation désigné pour cette garnison. L'état-major et le second bataillon s'embarquent le 25.

Le 92e envoie, de *Mateur*, au détachement de *Manouba* les hommes destinés à former le bataillon d'occupation qu'il doit fournir pour ce poste. L'état-major et le second bataillon sont, le 24, à *Bizerte*, où ils s'embarquent le 25.

L'état-major du génie s'embarque à *Bizerte* le 29.

La compagnie 11/4 du génie se subdivise en quatre sections, dont une reste à *Mateur* et les trois autres vont à *Bizerte*, *Béja* et *Manouba*. Ces sections sont à destination les 24 et 25.

Les 1er hussards et 9e chasseurs, partant de *Mateur* et de *Manouba*, arrivent à *Bizerte* le 25. Le 1er hussards commence, le même jour, son embarquement. Le 9e chasseurs exécute le sien le 26.

La 9e batterie dirige une de ses sections sur *Fernana*, une autre sur *Ghardimahou*, la troisième sur le *Kef* en utilisant la voie ferrée pour une partie du trajet ; ces sections sont à destination, les deux premières le 24, la troisième le 27.

La 10e batterie du 13e envoie de même une section à *Manouba*, une à *Béja*, où elles arrivent le 24. La troisième reste à *Mateur*.

La 10e batterie du 9e est réunie, le 24, à *Manouba*, où elle doit tenir garnison.

La 9e du 23e arrive, le 24, à *Bizerte*, et s'y embarque le 19.

La 1re du 19e reste à *Bizerte*, sa garnison.

L'état-major de l'artillerie, la section de munitions tirée de la 13e batterie du 12e et le parc, après avoir assuré les approvisionnements en munitions de *Bizerte*, *Mateur* et *Manouba*, s'embarquaient, le 29, à *Bizerte*.

D'après les ordres du Ministre, les services administratifs et l'ambulance de la colonne *Bréart* restent à *Manouba*.

Le général *Bréart* s'embarque, le 25, à *Tunis*, avec son état-major.

Le général *Maurand* se rend à *Manouba*, siège de son commandement.

L'état-major général est licencié le 3 juillet.

La dislocation du corps expéditionnaire est complètement terminée.

---

Garnisons d'occupation.

Les divers points de la Tunisie désignés comme devant rester occupés par une partie des troupes venues de France, après la dislocation du corps expéditionnaire, savoir : *Tabarque*, *Aïn-Draham*. *Fernana*, *Ghardimahou*, le *Kef* (général *Cailliot*), *Bizerte*, *Mateur*, *Beja*, *Manouba* (général *Maurand*), avaient été pourvus, pendant les opérations des colonnes, du personnel et du matériel indispensables pour faire fonctionner les différents services.

Au moment de la dislocation du corps, les ressources de chaque poste avaient été augmentées à l'aide de celles qui devenaient disponibles par le départ des troupes.

Si, quand j'ai repassé la frontière pour rentrer en Algérie, tous les points occupés n'étaient pas, sous le rapport des services administratifs, organisés en complète conformité de vos décisions des 16 et 18 juin, il ne restait plus à achever que quelques mouvements de personnel pour qu'il en fut ainsi et les besoins de toute nature étaient assurés.

Les approvisionnements de vivres de chaque poste que j'avais d'abord fixés à 30 jours étaient, par votre ordre, portés à deux mois.

Des munitions de réserve portaient le nombre de coups par bouche à feu à 250 et à 250 par homme le nombre des cartouches.

Enfin, les garnisons étaient constituées en troupes de diverses armes, ainsi que vous l'aviez prescrit.

En résumé, Monsieur le Ministre, en moins de deux mois d'opérations, le corps expéditionnaire avait atteint le but assigné à ses efforts par le chaleureux et patriotique appel que vous lui aviez fait au début de la campagne.

Au *Kef*, dans la vallée de la *Medjerda*, aux portes de

*Tunis,* dans le pays inconnu des *Khoumirs* et dans tout le nord de la Tunisie, il avait porté le drapeau national avec honneur.

Partout où l'ennemi s'était montré en nombre, il lui avait infligé les plus rudes échecs ; partout ailleurs les bonnes dispositions prises par les commandants des colonnes avaient paralysé les résistances, brisé l'esprit d'indépendance de nos adversaires et épargné le sang précieux de nos soldats.

Ces résultats n'auraient pas été obtenus sans le grand dévouement dont les chefs et les troupes de toutes armes ont fait preuve en toute occasion.

Vous avez bien voulu le constater et donner au corps expéditionnaire le haut témoignage de votre satisfaction par votre ordre général ainsi conçu :

Ordre général du Ministre.

« Au moment où les troupes du corps expéditionnaire « de la frontière de Tunisie cessent leurs opérations, je « suis heureux de reconnaître les services qu'elles ont « rendus, de leur témoigner toute ma satisfaction et de les « féliciter sur les résultats obtenus. Elles ont pleinement « justifié la confiance que le pays avait en elles, et que le « Président de la République leur exprimait solennelle- « ment il y a moins d'une année en remettant les dra- « peaux à tous les corps de l'armée.

« Dans tous les rangs, on a rivalisé de patriotisme et « d'ardeur pendant cette laborieuse campagne ; les soldats « ont supporté avec courage les épreuves les plus dures « dans une contrée inextricable, sous un climat pénible et « au milieu d'incessantes intempéries ; leurs efforts ont « surmonté tous les obstacles.

« C'est avec joie que je les en félicite ; mais je ne dois pas « moins féliciter leurs chefs, les officiers de tous grades, « les fonctionnaires de tous ordres, dont le zèle, l'intelli- « gence, l'ardeur et l'habileté ont su tirer un si bon parti « de nos jeunes soldats. Leurs soins incessants et leur « paternelle vigilance ont maintenu un état de santé véri-

« tablement surprenant, eu égard aux circonstances et aux
« difficultés que présentaient les opérations.

« J'adresse aussi des félicitations toutes spéciales au
« général *Forgemol* dont le commandement supérieur a
« été exercé avec une rare sagesse ; au général *Delebec-*
« *que* qui commandait la colonne principale d'opérations ;
« au général *Logerot* qui a su donner une énergique im-
« pulsion à ses troupes ; au général *Bréart* qui a si digne-
« ment représenté notre pays dans des circonstances
« difficiles, ainsi qu'aux généraux et aux chefs de corps
« sous leurs ordres.

« Leurs services ne seront pas oubliés ; la reconnais-
« sance de la République est acquise à tous ceux qui ont
« pris part à cette campagne. »

Les troupes et leurs chefs ont été fiers de l'appréciation que vous avez bien voulu faire de leurs efforts et de leurs travaux.

Constantine, le 15 août 1881.

*Le Général*
*commandant le corps expéditionnaire*
*de Tunisie,*

FORGEMOL.